드림 웨이브

하나님 나라의 통치 1

사사기 / 사무엘상·하

저학년

꿈이 있는 미래

드림 웨이브

하나님 나라의 통치 1

저학년

초판 1쇄 인쇄 2022년 10월 28일
초판 1쇄 발행 2022년 11월 7일

글 쓴 이 정형근, 김선교, 윤슬기
그 린 이 박미량

발 행 인 김은호
발 행 처 도서출판 꿈미
등 록 제2014-000035호
주 소 서울시 강동구 양재대로81길 39, 202호
전 화 070-4352-4143, 02-6413-4896
팩 스 02-470-1397
홈페이지 www.coommi.org
쇼 핑 몰 www.coommimall.com

ISBN 979-11-90862-70-7 74230
ISBN 979-11-89047-15-3 74230 (SET)

머리말

기독교 교육에서 중요한 것은 하나님에 대한 지식을 넘어 하나님과의 경험을 풍성하게 하는 것입니다. 이런 교육 철학으로 다음세대가 하나님과의 스토리를 만들어 가도록 초등학생을 위한 공과 교재를 발간했습니다.

하나님의 말씀에는 세상이 감당할 수 없는 하나님의 사람으로 자라나게 하는 힘이 있습니다. 이 교재는 다음세대가 하나님의 말씀을 통해 자신을 들여다보고 삶을 변화시키도록 돕습니다. 다음세대가 하나님의 이야기를 배우고 그 이야기가 나의 이야기로 어떻게 연결되는지를 체험하게 될 것입니다. 이와 같은 교육 철학을 담은 '드림웨이브'를 통해 한국 교회와 가정, 학교에서 다음세대가 다시 일어나고, 그들이 하나님 나라의 귀한 일꾼으로 세워지길 간절히 기도합니다.

꿈이 있는 미래 대표 가은호 **목사**

차 례

교재 활용법

1단원 1과

하나님께 순종해요

읽을 말씀 사사기 2장 10~23절

외울 말씀 사무엘이 이르되 여호와께서 번제와 다른 제사를 그의 목소리를 청종하는 것을 좋아하심 같이 좋아하시겠나이까 순종이 제사보다 낫고 듣는 것이 숫양의 기름보다 나으니(사무엘상 15장 22절).

원 포인트 구원자이신 하나님께 순종해요.

welcome

청개구리 이야기

청개구리 이야기를 선생님과 다른 친구들에게 설명하고, 청개구리처럼 행동한 적이 있는지 이야기해 보세요.

15

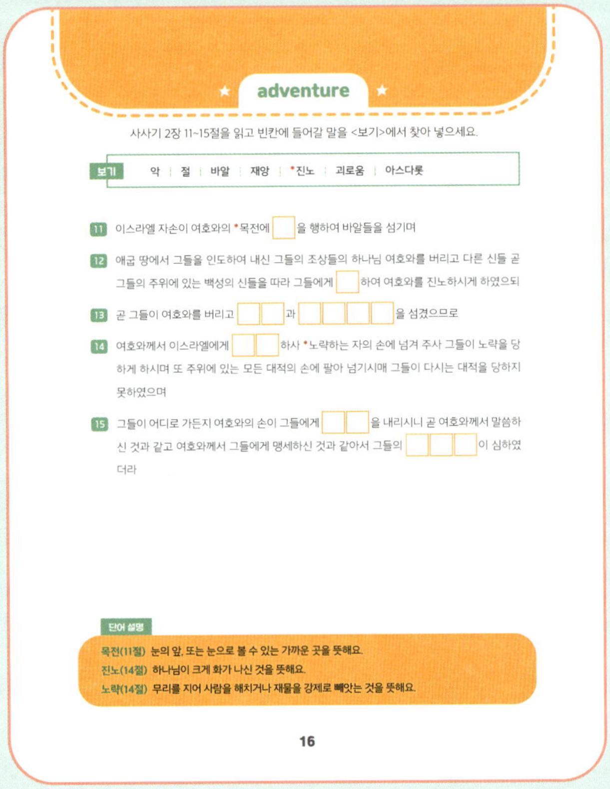
adventure

사사기 2장 11~15절을 읽고 빈칸에 들어갈 말을 <보기>에서 찾아 넣으세요.

보기 악 | 절 | 바알 | 재앙 | *진노 | 괴로움 | 아스다롯

11 이스라엘 자손이 여호와의 *목전에 □을 행하여 바알들을 섬기며

12 애굽 땅에서 그들을 인도하여 내신 그들의 조상들의 하나님 여호와를 버리고 다른 신들 곧 그들의 주위에 있는 백성의 신들을 따라 그들에게 □하여 여호와를 진노하시게 하였으되

13 곧 그들이 여호와를 버리고 □□과 □□□□을 섬겼으므로

14 여호와께서 이스라엘에게 □□하사 *노략하는 자의 손에 넘겨 주사 그들이 노략을 당하게 하시며 또 주위에 있는 모든 대적의 손에 팔아 넘기시매 그들이 다시는 대적을 당하지 못하였으며

15 그들이 어디로 가든지 여호와의 손이 그들에게 □□을 내리시니 곧 여호와께서 말씀하신 것과 같고 여호와께서 그들에게 맹세하신 것과 같아서 그들의 □□□이 심하였더라

단어 설명

목전(11절) 눈의 앞, 또는 눈으로 볼 수 있는 가까운 곳을 뜻해요.

진노(14절) 하나님이 크게 화가 나신 것을 뜻해요.

노략(14절) 무리를 지어 사람을 해치거나 재물을 강제로 빼앗는 것을 뜻해요.

16

welcome 공과의 도입 단계로, 성경 말씀을 배우기 전에 말씀과 관련된 내용을 살펴보면서 말씀에 집중하도록 돕는 단계입니다.

adventure 말씀을 배우는 단계로, 설교 시간에 들은 말씀을 떠올리며 말씀의 핵심을 이해하고 기억하도록 돕는 단계입니다.

value

순종 컬러링

같은 숫자를 표시된 영역을 같은 색깔로 색칠하고, 숨어 있는 단어를 찾아 결심 문장을 완성해 보세요.

"나 ____________은/는 구원자이신 하나님께 ____________해요."

17

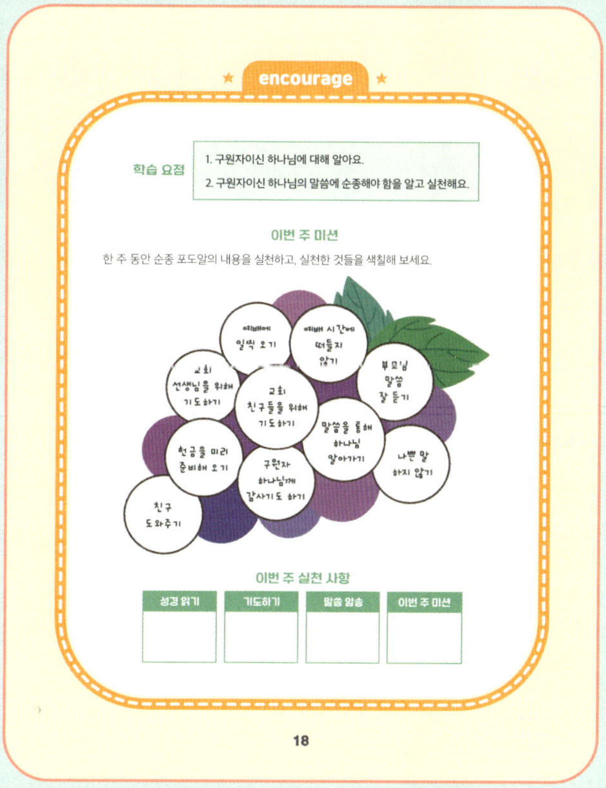

encourage

학습 요점	1. 구원자이신 하나님에 대해 알아요. 2. 구원자이신 하나님의 말씀에 순종해야 함을 알고 실천해요.

이번 주 미션

한 주 동안 순종 포도알의 내용을 실천하고, 실천한 것들을 색칠해 보세요.

이번 주 실천 사항

성경 읽기	기도하기	말씀 암송	이번 주 미션

18

value 배운 말씀을 삶의 가치로 적용하는 단계로, 말씀이 나의 삶에 어떤 의미가 있는지를 깨닫고 말씀을 실천하기로 결심하는 단계입니다.

encourage 말씀을 가지고 삶으로 나아가는 단계로, 말씀을 어떻게 삶에 적용할지를 구체적으로 생각하고 한 주간 삶에 적용하는 단계입니다.

한눈에 보기

단원	과	제목	읽을 말씀	외울 말씀	원 포인트
1단원	1	하나님께 순종해요	삿 2:10~23	삼상 15:22	구원자이신 하나님께 순종해요.
	2	연약한 우리를 쓰세요	삿 3:12~23	고후 12:9a	하나님은 연약한 자를 통해 일하세요.
	3	하나님이 먼저 일하세요	삿 4:11~16	신 33:29	하나님은 하나님의 백성을 위해 먼저 일하세요.
	4	우리를 용사로 부르세요	삿 6:11~18	삿 6:12	하나님은 우리를 큰 용사로 부르세요.
	5	하나님은 승리를 주세요	삿 7:9~18	시 98:1	하나님은 놀라운 방법으로 승리를 주세요.
2단원	1	하나님이 진짜 왕이에요	삿 9:7~21	시 46:10	하나님이 우리를 다스리는 진짜 왕이심을 알아요.
	2	우리는 세상과 달라요	삿 13:1~7	레 11:45	하나님의 사람은 세상과 구별된 방법으로 살아가요.
	3	하나님은 구원을 베푸세요	삿 15:14~20	습 3:17	하나님은 구원을 베푸시는 분이에요.
	4	하나님이 우리를 도우세요	삿 16:23~31	시 28:7	하나님은 하나님의 백성을 도우시는 분이에요.
3단원	1	기도하면 소망을 주세요	삼상 1:9~18	시 146:5	하나님은 기도하는 자에게 소망을 주세요.
	2	우리를 통해 일하세요	삼상 3:1~14	롬 8:28	하나님은 하나님이 부르신 사람을 통해 일하세요.
	3	온 마음으로 회개해요	삼상 7:3~11	마 4:17	하나님께 온 마음으로 회개해요.
	4	하나님이 유일한 왕이에요	삼상 8:10~22	시 24:9~10	하나님이 나에게 유일한 왕이에요.

	과	제목	읽을 말씀	외울 말씀	원 포인트
4단원	1	말씀이 삶의 기준이에요	삼상 13:8~15	수 1:7	하나님의 말씀은 나의 삶의 기준이에요.
	2	겸손하게 말씀을 따라요	삼상 15:10~23	삼상 15:22b	하나님의 말씀에 겸손하게 순종해요.
	3	하나님은 마음을 보세요	삼상 16:6~13	삼상 16:7b	하나님은 우리의 중심을 보시는 분이에요.
	4	하나님을 의지해요	삼상 17:31~40	삼상 17:45	언제나 하나님을 의지해요.
	5	하나님이 함께하시면 문제없어요	삼상 18:6~16	암 5:14	하나님이 함께하는 사람은 모든 일이 잘돼요.
5단원	1	하나님의 뜻대로 살아요	삼상 20:35~42	시 40:8	언제나 하나님의 뜻을 따라 살아요.
	2	하나님께 모두 맡겨요	삼상 24:1~15	잠 3:6	하나님께 모든 것을 맡기는 삶을 살아요.
	3	죄의 길에서 떠나요	삼상 25:23~35	잠 13:14	하나님의 지혜는 죄의 길에서 떠나게 해요.
	4	하나님과 함께 승리해요	삼상 30:16~25	시 5:11	어려운 상황에서 하나님을 찾으면 승리해요.
6단원	1	하나님을 인정해요	삼하 1:1~16	시 119:128	언제나 하나님을 인정하는 삶을 살아요.
	2	하나님이 다스리세요	삼하 5:1~12	시 40:11	하나님이 우리를 다스리심을 기억해요.
	3	나의 하나님을 찬양해요	삼하 6:12~23	시 145:1	나의 왕 하나님을 기쁨으로 찬양해요.
	4	죄의 결과는 죽음이에요	삼하 11:1~13	약 1:15	말씀을 떠난 죄의 결과는 죽음이에요.
절기	종려주일	고난을 기억해요	마 26:36~46	눅 22:42	예수님의 고난을 기억하고 함께해요.
	부활주일	부활을 전해요	마 28:16~20	마 28:20	예수님의 부활을 모든 사람에게 전해요.

Judges

사사기를 소개합니다

'사사기'의 뜻은?

'사사기'라는 이름은 여호수아 시대와 사무엘 시대 사이에 살면서 이스라엘을 다스린 열두 지도자를 염두에 두고 붙여졌어요. 우리가 사사기에서 만나는 이스라엘의 지도자 중 드보라를 제외하고는 모두 전쟁을 통해 해방을 가져다 준 '군사적 해방자'였어요. 사사들은 압제당하고 있던 이스라엘에게 평안을 회복시켜 주는 군사적 지도자였던 거예요. 또한 전쟁에서 이스라엘 백성을 올바른 영적 삶으로 인도하는 역할을 맡은 자였어요.

누가, 언제 썼나요?

저자가 누구인지 정확하게 알 수는 없어요. 사사기가 최종적으로 정리된 시기에 대해 많은 학자가 B.C. 6~7세기경이라고 생각해요. 사사기는 기록 연대로 보기보다 최종 편집 시기로 보는 것이 바람직해요. 사사기는 가나안 정복 시대 때부터 유래되어 온 책이었으며, B.C. 6~7세기경에 여러 가지 역사적 자료를 바탕으로 편집한 것으로 봐요.

어떤 내용이 담겨 있나요?

사사기는 여호수아의 죽음부터 사무엘의 등장과 왕정 체제 수립까지 약 350년간(B.C. 1390~1050년경) 이스라엘에서 발생한 여러 사건을 기록하고 있어요. 이스라엘 백성은 가나안 족속을 철저히 정복하지 못하고 오히려 그들의 악습에 물들어 버렸어요. 그러나 하나님은 암흑기와 같은 시기에 축복과 소망의 역사를 행하세요. 하나님이 이스라엘 백성을 다스리기 위해 사사들에게 영적 능력을 입히시고, 그들을 구원의 도구로 쓰셨어요.

무엇을 배우게 되나요?

첫째, 사사기에 나타나는 가장 두드러진 주제 가운데 하나는 '이스라엘의 배반'이에요. 이스라엘은 가나안 부족과 지내며 그들의 신을 섬기는 지경에 이르러요.

둘째, 사사기는 암울한 상황에서도 하나님은 약속을 지키시고, 계속 은혜를 베풀어 주신다는 것을 보여 줘요.

셋째, 사사기는 이스라엘의 진정한 사사와 왕, 지도자가 여호와 하나님이심을 분명히 알려 줘요.

Samuel

사무엘서를 소개합니다

'사무엘서'의 뜻은?

사무엘서는 이스라엘의 마지막 사사이자 새롭게 왕정 시대를 열게 될 선지자 사무엘의 이야기로 시작해서 다윗 왕조 이야기로 끝을 맺어요. 또한 사무엘서는 이스라엘에 왕정이 설립된 과정과 왕정이 갖는 신학적 중요성을 말해요. 이스라엘이 어떻게 사사 시대를 마무리하고 왕정 시대를 맞이했는지, 하나님이 그들의 역사에 어떻게 간섭하셨는지를 묘사해요.

누가, 언제 썼나요?

선지자 사무엘이 사무엘상 1~24장을, 선지자 나단과 가드가 나머지를 집필했다고 전해져요. 이외에도 다윗 정권 때 서기관으로 활약한 스라야(삼하 8:17), 사독의 아들로 압살롬의 반란 때 다윗을 도운 아히마아스(삼하 15:27), 다윗의 광야 시절부터 함께한 제사장 아비아달(삼하 20:25) 등이 썼다고 말하기도 해요. 저자가 누구였는지 가늠할 수 없어도 B.C. 550~540년에 바빌론에서 최종적으로 편집되었을 것으로 봐요.

어떤 내용이 담겨 있나요?

사무엘서는 이스라엘의 역사 가운데 사사 시대 말기로부터 다윗 왕까지의 역사를 다뤄요. 사무엘은 사울을 세우고 후에 다윗을 세웠어요. 사무엘은 사울의 실패를 통해 왕도 율법과 하나님의 말씀에 순종해야 함을 알려 줘요. 이스라엘의 진정한 왕은 하나님뿐이에요. 하나님은 사무엘서 전반에 걸쳐 왕으로 세워진 이들이 다윗과 같이 왕의 자리에서도 하나님을 왕으로 섬기는지 아닌지를 보셨어요. 그리고 그들의 나라와 삶을 인도하시는 것을 보게 하셨어요.

무엇을 배우게 되나요?

첫째, 하나님이 이스라엘의 역사에 주권적으로 개입하신다는 거예요. 역사가 하나님 중심적, 그리스도 중심적으로 전개되는 것을 볼 수 있어요.
둘째, 하나님의 통치-신정(theocracy)의 원칙이에요. 삶의 모든 영역에서 하나님만이 왕이심을 분명히 알아야 해요.
셋째, 왕도 백성과 같이 하나님의 법에 순종해야 한다는 거예요. 사무엘 시대에 백성이 왕을 요구하자, 결국 하나님은 왕을 세우시고 왕의 자격과 의무를 정해 주셨어요. 왕은 하나님의 뜻에 굴복해야 해요. 높은 왕일지라도 하나님의 자리에 앉아서는 안 돼요.

꿈미 메타버스

로블록스 젭

주일에 배운 말씀을 꿈미 메타버스에서 재미있게 복습할 수 있습니다. 드림웨이브 '하나님 나라' 커리큘럼에 맞춰 두 가지 플랫폼으로 구성되어 있습니다.

드림웨이브 로블록스 메타버스

성경의 땅을 메타버스 공간에 3D로 구현했습니다. 주어진 미션을 풀어가며 하나님의 말씀을 배웁니다.

드림웨이브 젭 메타버스

주일에 배운 말씀을 주별로 복습할 수 있도록 총 4단계로 구성되어 있습니다.

① 하나님 나라 들어가기

말씀으로 들어가는 단계입니다. 원 포인트에 대해 생각하는 질문 등장 후 아바타가 하나님 나라로 들어갑니다.
지도를 직접 이동하며 성경 지리를 공부합니다.

② 하나님 나라 탐험하기

말씀을 탐험하는 단계입니다. 재미있는 게임을 통해 본문의 핵심 문장을 배웁니다. 게임을 마친 후에는 성경 시대 속으로 들어가 삽화와 음성을 통해 본문 말씀을 배웁니다.

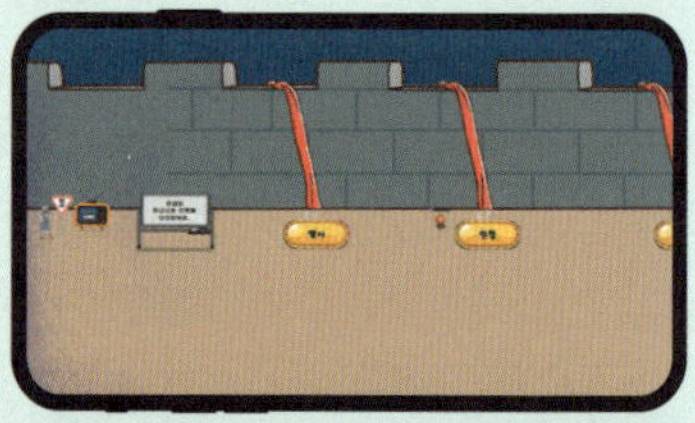

③ 하나님 나라 적용하기

배운 말씀을 적용하는 단계입니다. 게임을 통해 우리가 마주할 수 있는 삶의 현장에서 말씀을 따라 선택하는 과정을 경험하며 말씀을 적용합니다.

④ 하나님 나라 실천하기

배운 말씀을 구체적으로 어떻게 실천할지 결단하는 단계입니다. 앞선 단계를 통해 배운 말씀을 자신의 삶에 적용하여 실천할 내용을 게시판에 남기며 결단합니다.

하나님 나라의 통치 1

1단원

unit 1

1과 하나님께 순종해요

2과 연약한 우리를 쓰세요

3과 하나님이 먼저 일하세요

4과 우리를 용사로 부르세요

5과 하나님은 승리를 주세요

1단원 1과

하나님께 순종해요

읽을 말씀 사사기 2장 10~23절

외울 말씀 사무엘이 이르되 여호와께서 번제와 다른 제사를 그의 목소리를 청종하는 것을 좋아하심 같이 좋아하시겠나이까 순종이 제사보다 낫고 듣는 것이 숫양의 기름보다 나으니(사무엘상 15장 22절).

원 포인트 구원자이신 하나님께 순종해요.

welcome

청개구리 이야기

청개구리 이야기를 선생님과 다른 친구들에게 설명하고, 청개구리처럼 행동한 적이 있는지 이야기해 보세요.

★ adventure ★

사사기 2장 11~15절을 읽고 빈칸에 들어갈 말을 <보기>에서 찾아 넣으세요.

보기 악 | 절 | 바알 | 재앙 | *진노 | 괴로움 | 아스다롯

11 이스라엘 자손이 여호와의 *목전에 □을 행하여 바알들을 섬기며

12 애굽 땅에서 그들을 인도하여 내신 그들의 조상들의 하나님 여호와를 버리고 다른 신들 곧
그들의 주위에 있는 백성의 신들을 따라 그들에게 □하여 여호와를 진노하시게 하였으되

13 곧 그들이 여호와를 버리고 □□과 □□□□을 섬겼으므로

14 여호와께서 이스라엘에게 □□하사 *노략하는 자의 손에 넘겨 주사 그들이 노략을 당
하게 하시며 또 주위에 있는 모든 대적의 손에 팔아 넘기시매 그들이 다시는 대적을 당하지
못하였으며

15 그들이 어디로 가든지 여호와의 손이 그들에게 □□을 내리시니 곧 여호와께서 말씀하
신 것과 같고 여호와께서 그들에게 맹세하신 것과 같아서 그들의 □□□이 심하였
더라

단어 설명

목전(11절) 눈의 앞, 또는 눈으로 볼 수 있는 가까운 곳을 뜻해요.
진노(14절) 하나님이 크게 화가 나신 것을 뜻해요.
노략(14절) 무리를 지어 사람을 해치거나 재물을 강제로 빼앗는 것을 뜻해요.

순종 컬러링

같은 숫자를 표시된 영역을 같은 색깔로 색칠하고, 숨어 있는 단어를 찾아 결심 문장을 완성해 보세요.

"나 ______________ 은/는 구원자이신 하나님께 ______________ 해요."

★ encourage ★

학습 요점

1. 구원자이신 하나님에 대해 알아요.
2. 구원자이신 하나님의 말씀에 순종해야 함을 알고 실천해요.

이번 주 미션

한 주 동안 순종 포도알의 내용을 실천하고, 실천한 것들을 색칠해 보세요.

이번 주 실천 사항

성경 읽기	기도하기	말씀 암송	이번 주 미션

1단원 2과

연약한 우리를 쓰세요

읽을 말씀 사사기 3장 12~23절

외울 말씀 나에게 이르시기를 내 은혜가 네게 족하도다 이는 내 능력이 약한 데서 온전하여짐이라 하신지라(고린도후서 12장 9a절).

원 포인트 하나님은 연약한 자를 통해 일하세요.

welcome

꿈미 체육대회

꿈미 체육대회가 열렸어요. 씨름과 달리기, 농구 경기에 출전할 사람을 선택하고, 선택한 이유에 대해 말해 보세요.

씨름　　달리기　　농구

adventure

설교 말씀을 떠올리며 빈칸을 채워 성경 이야기를 완성해 보세요.

보기 에훗 | 왼손 | 오른쪽 | 18

이스라엘 자손이 악을 행하여 ☐☐ 년 동안 모압 왕 에글론을 섬겼어요.

이스라엘 자손이 하나님께 기도하자, 하나님은 왼손잡이 ☐☐ 을 사사로 세우셨어요.

에훗은 에글론에게 공물을 바칠 때 그의 ☐☐☐ 허벅지 옷 속에 칼을 찼어요.

사람들이 물러갔을 때 에훗은 ☐☐ 으로 오른쪽 허벅지 옷 속에 찼던 칼로 모압 왕 에글론을 죽였어요.

단어 설명

강성(12절) '힘이 강해지고 번성하다'라는 뜻이에요.

value

부록 141쪽

연약함을 채우는 약 봉투 만들기

연약한 우리를 사용하실 하나님을 기대하면서, 하나님이 우리의 연약함을 채우기 위해 무슨 약을 주기 원하시는지 적어 보세요.

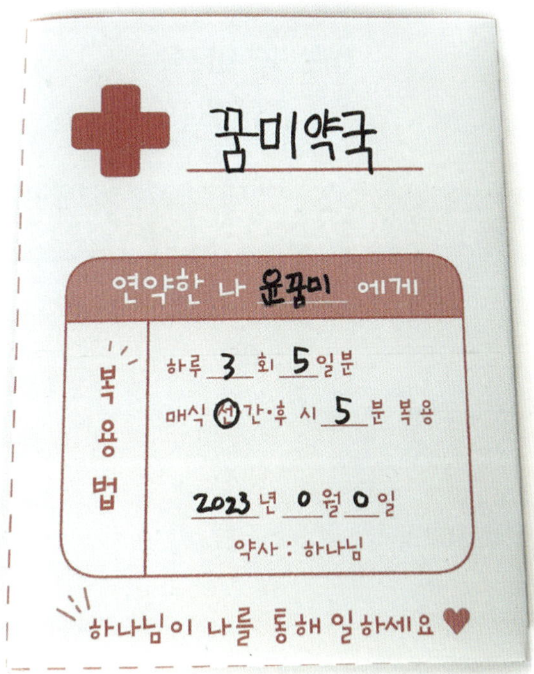

"하나님은 연약한 나 ____________ 을/를 통해 일하세요."

준비물

부록 공과 자료,
풀, 사인펜

활동 방법

1 부록 공과 자료를 뜯어요.
2 제일 위에 약국 이름을 적어요.
3 아래 빈칸에 자신의 이름을 적고, 복용법을 표시해요.
4 접는 선에 맞추어 접고, 풀칠하여 붙여요.

encourage

학습 요점

1. 하나님은 연약한 자를 통해 일하시는 분임을 알아요.
2. 연약한 자를 통해 일하실 하나님을 믿으며 살아요.

이번 주 미션

이번 주에 하나님이 연약한 나를 사용하시는 날이 있다면 그날의 그림일기를 작성해 보세요.

년	월	일	요일	날씨

이번 주 실천 사항

성경 읽기	기도하기	말씀 암송	이번 주 미션

1단원 3과

하나님이 먼저 일하세요

읽을 말씀 사사기 4장 11~16절

외울 말씀 이스라엘이여 너는 행복한 사람이로다 여호와의 구원을 너 같이 얻은 백성이 누구냐 그는 너를 돕는 방패시요 네 영광의 칼이시로다 네 대적이 네게 복종하리니 네가 그들의 높은 곳을 밟으리로다(신명기 33장 29절).

원 포인트 하나님은 하나님의 백성을 위해 먼저 일하세요.

welcome

비교해 봐요

어제와 다른 오늘 교실의 모습을 보면서 어떤 기분이 드는지 함께 이야기해 보세요.

어제 오후

오늘 아침

★ adventure ★

성경 이야기를 떠올리며, 다음의 다섯 가지 문제를 풀어 보세요.

1 에훗이 죽고 나자 이스라엘 자손은 악을 행했고, 하나님은 여선지자 드보라를 사사로 세우셨어요. (○ / X)

2 바락은 누구와 함께 전쟁터에 나갔나요? ____________

3 시스라는 철 *병거 몇 대를 가지고 있었나요? ____________

4 바락이 시스라와 그의 군대와 싸우기 전에 누가 시스라와 그의 군대를 혼란에 빠지게 하셨나요? ____________

5 시스라는 누구의 손에 죽었나요?
① 요엘 ② 야엘 ③ 이엘

단어 설명

병거(13절) 말이 끄는 바퀴 달린 수레로, 전쟁할 때 사용해요.

value

그림을 완성하라

선생님 말씀을 듣고 빈칸을 채워 보세요.

__________ 어린이

하나님이 ______ 일하세요

나 ______ 은/는 하나님이 앞장서서 일하심을 기억할래요!

encourage

학습 요점

1. 하나님은 그분의 백성을 위해 앞서 일하시는 분임을 알아요.
2. 앞서 일하시는 하나님을 믿고 의지하며 살아가기를 실천해요.

이번 주 미션

앞서 일하시는 하나님께 감사 편지를 작성해 보세요.

To. 앞장서서 일하시는 하나님

From.

이번 주 실천 사항

성경 읽기	기도하기	말씀 암송	이번 주 미션

1단원 4과

우리를 용사로 부르세요

읽을 말씀 사사기 6장 11~18절

외울 말씀 여호와의 사자가 기드온에게 나타나 이르되 큰 용사여 여호와께서 너와 함께 계시도다 하매(사사기 6장 12절).

원 포인트 하나님은 우리를 큰 용사로 부르세요.

welcome

나를 왜 부르셨을까?

왼쪽 그림에서 엄마가 나를 왜 부르셨는지 생각하며 빈칸을 채워 보세요. 그리고 오른쪽 그림에서 나를 부르시는 선생님의 말풍선을 채워 보세요.

adventure

성경 말씀을 기억하며, 이야기 속 숨은 그림을 찾아보세요.

보기 칫솔 | 모자 | 사과 | 마이크 | 도넛

value

큰 용사는 누구인가?

하나님이 기드온을 큰 용사로 세우기 위해 부르신 것을 기억하며 '큰 용사는 누구' 활동을 해 보세요.

"나 ____________ 은/는 하나님이 ____________ 로

세우기 위해 부르셨음을 알아요."

활동 방법

1 친구들은 모두 선생님을 보세요.
2 선생님이 "큰 용사는 누구? 하나 둘 셋"이라고 외치면 친구들 모두 귀를 막아요.
3 선생님은 "큰 용사는?"이라고 외친 뒤 한 친구의 이름을 소리 내지 않고 입으로만 말해요.
4 친구들은 선생님의 입 모양을 보고 누구인지 맞혀요.
5 가장 많은 이름을 맞힌 친구가 승리해요.

encourage

학습 요점

1. 하나님의 사람은 큰 용사로 세워지기 위해 부름받았음을 알아요.
2. 하나님의 큰 용사로서 살아가요.

이번 주 미션

하나님의 큰 용사로 살아가기 위해 한 주간 계획을 세우고 실천해요.

예 화를 참아요. 내 것을 나눠 줘요. 친구를 놀리지 않아요. 부모님의 말씀을 잘 들어요.
하나님께 감사해요. 하나님께 내 죄를 고백해요. 친구에게 하나님을 전해요. 거짓말하지 않아요.

	월	화	수
내 계획			
실천			
	목	**금**	**토**
내 계획			
실천			

이번 주 실천 사항

성경 읽기	기도하기	말씀 암송	이번 주 미션

1단원 5과

하나님은 승리를 주세요

읽을 말씀 사사기 7장 9~18절

외울 말씀 새 노래로 여호와께 찬송하라 그는 기이한 일을 행하사 그의 오른손과 거룩한 팔로 자기를 위하여 구원을 베푸셨음이로다(시편 98편 1절).

원 포인트 하나님은 놀라운 방법으로 승리를 주세요.

welcome

어떻게 이런 일이?

생각하지 못한 좋은 일이 일어난 적이 있나요? 친구들과 함께 이야기해 보세요.

adventure

설교 말씀을 떠올리며 가로세로 낱말 퀴즈를 풀어 보세요.

		1		2
3				
		4		
	5			

가로 문제

1 기드온 아버지의 이름은 무엇인가요? (14절)

3 기드온과 함께 미디안 진영으로 내려간 부하의 이름은 무엇인가요? (11절)

5 미디안 진영의 어떤 사람이 꿈에서 무엇 한 덩어리가 미디안 진영으로 굴러 들어와 한 장막을 무너뜨렸다고 말했나요? (13절)

세로 문제

2 운동은 영어로 무엇인가요? (힌트: ㅅㅍㅊ)

3 십계명 제5계명은 "네 ○○를 공경하라"라고 말씀하고 있어요.

4 기드온은 300명의 사람에게 나팔과 빈 ○○○을 들라고 했어요. (16절)

value

부록 142쪽

승리의 나팔

하나님이 놀라운 방법으로 승리를 주신다는 것을 기억하면서 '승리의 나팔'을 만들어 보세요.

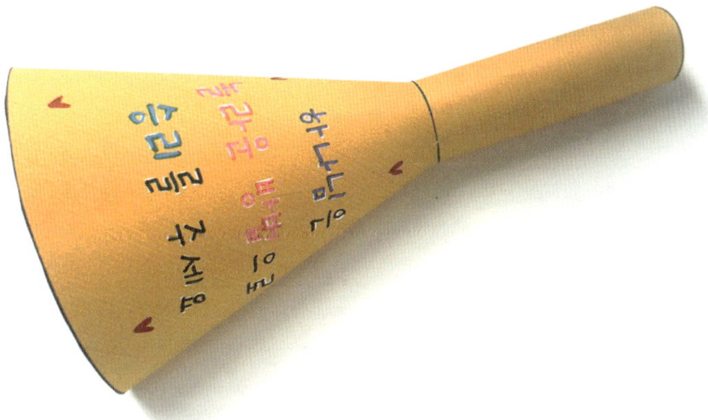

"나 ______________ 은/는 하나님이 놀라운 방법으로

승리를 주신다는 것을 알아요."

준비물

부록 공과 자료,
풀, 색연필,
꾸미기용 스티커

활동 방법

1 부록 공과 자료를 뜯어요.
2 '하나님은 놀라운 방법으로 승리를 주세요'를 따라 적고, 색연필과 스티커로 꾸며요.
3 종이를 말고 나서 떨어지지 않도록 풀로 붙여요.
4 나팔을 불 때마다 놀라운 방법으로 승리 주시는 하나님을 기억하기로 결심해요.

encourage

학습 요점

1. 하나님은 우리에게 놀라운 방법으로 승리를 주심을 알아요.
2. 하나님의 놀라운 방법을 기대하는 삶을 살아요.

이번 주 미션

가족과 가정예배를 드리며 하나님이 어떤 방법으로 승리를 주셨는지 나누고 적어 보세요.

가족 이름	어떤 놀라운 승리를 경험했나요?

이번 주 실천 사항

성경 읽기	기도하기	말씀 암송	이번 주 미션

하나님 나라의 통치 1

2단원

unit 2

2단원 1과

하나님이 진짜 왕이에요

읽을 말씀 사사기 9장 7~21절

외울 말씀 이르시기를 너희는 가만히 있어 내가 하나님 됨을 알지어다 내가 뭇 나라 중에서 높임을 받으리라 내가 세계 중에서 높임을 받으리라 하시도다(시편 46편 10절).

원 포인트 하나님이 우리를 다스리는 진짜 왕이심을 알아요.

welcome

나를 소개해요

친구들에게 자신을 소개하며 이야기를 나눠 보세요.

adventure

설교 말씀을 떠올리며 빈칸을 채워 성경 이야기를 완성해 보세요.

보기 감람 | 그리심 | 세겜 | 포도 | 가시 | 무화과

요담은 □□□ 산에 가서 □□ 사람들에게 말하기 시작했어요.

나무들이 □□ 나무에게 우리 위에 왕이 되라고 했지만 □□ 나무는 거절했어요.

이어서 나무들은 □□□ 나무와 □□ 나무에게 왕이 되라고 했지만 이 나무들 역시 거절했어요.

이에 □□ 나무에게 왕이 될 것을 청하자 □□ 나무는 자신의 그늘에 피하라고 했어요.

진짜 왕을 찾아라

진짜 왕은 하나님뿐임을 기억하며, '진짜 왕을 찾아라' 활동을 해 보세요.

"나 ______________ 은/는 하나님만이 진짜 왕이심을 알아요."

활동 방법

1 친구들과 원 모양으로 모여 앉아요.
2 선생님이 주는 쪽지를 한 장씩 나눠 가져요.
3 디른 친구들이 보지 못하게 하며 쪽지의 내용을 확인해요.
4 제한 시간 동안 친구들과 대화를 나누며 '왕' 쪽지를 받은 사람을 찾아내요.
5 선생님이 "진짜 왕은 누구?"라고 외치면 '왕' 쪽지를 받은 사람을 가리켜요.

★ encourage ★

학습 요점

1. 하나님이 진짜 왕이신 것을 알아요.
2. 하나님이 내 삶의 진짜 왕이심에 감사하는 삶을 살아요.

이번 주 미션

하나님이 진짜 내 삶의 왕이심을 매일 기억할 수 있도록 기도문을 작성해 보세요.

이번 주 실천 사항

성경 읽기	기도하기	말씀 암송	이번 주 미션

2단원 2과

우리는 세상과 달라요

읽을 말씀 사사기 13장 1~7절

외울 말씀 나는 너희의 하나님이 되려고 너희를 애굽 땅에서 인도하여 낸 여호와라 내가 거룩하니 너희도 거룩할지어다(레위기 11장 45절).

원 포인트 하나님의 사람은 세상과 구별된 방법으로 살아가요.

welcome

우리 차를 찾아봐요

<힌트>에 나와 있는 차의 특징을 보고 주차장에서 우리 차를 찾아보세요.

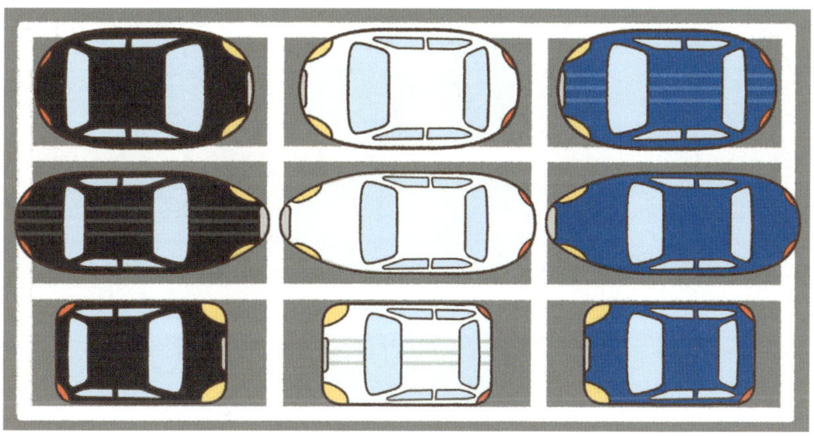

힌트

1. 우리 차는 흰색이에요.
2. 우리 차는 크기가 크지 않아요.
3. 우리 차는 네모 모양이에요.
4. 우리 차는 줄무늬가 있어요.

★ adventure ★

설교 말씀을 떠올리며 빈칸을 채워 성경 이야기를 완성해 보세요.

보기 단 | 나실인 | 40 | 포도주 | 블레셋 | 독주

이스라엘 자손이 다시 악을 행하여 □□ 년 동안 □□□ 사람의 손에 넘겨졌어요.

소라 땅에 □ 지파의 가족 중 마노아의 아내에게 여호와의 사자가 찾아왔어요.

여호와의 사자는 아들을 낳을 것이니 □□□와 □□를 마시지 말며 어떤 부정한 것도 먹지 말라고 했어요

여인은 아이가 뱃속에서부터 죽는 날까지 하나님께 바쳐진 □□□이 될 것이라고 남편에게 전했어요.

value

구별된 길로 걸어가요

하나님의 사람은 구별된 사람임을 기억하면서 구별된 길로 미로를 통과해 보세요.

"나 ________________ 은/는 ________________ 을/를 지켜

세상과 구별된 하나님의 사람이 될래요."

encourage

학습 요점

1. 하나님의 사람은 구별된 사람임을 알아요.
2. 하나님의 사람으로서 세상과 구별된 삶을 살아요.

이번 주 미션

세상과 구별된 하나님의 사람으로서 말씀을 가까이하기 위해 성경 읽기표를 작성해 보세요.

	읽을 분량	체크
월		
화		
수		
목		
금		

이번 주 실천 사항

성경 읽기	기도하기	말씀 암송	이번 주 미션

2단원 3과

하나님은 구원을 베푸세요

읽을 말씀 사사기 15장 14~20절

외울 말씀 너의 하나님 여호와가 너의 가운데에 계시니 그는 구원을 베푸실 전능자이시라 그가 너로 말미암아 기쁨을 이기지 못하시며 너를 잠잠히 사랑하시며 너로 말미암아 즐거이 부르며 기뻐하시리라 하리라(스바냐 3장 17절).

원 포인트 하나님은 구원을 베푸시는 분이에요.

welcome

어디까지 줄 수 있나요?

<보기>의 그림들 가운데서 친한 사람에게 주고 싶은 것이 무엇인지 적어 보세요.

가족	친구	선생님

adventure

설교 말씀을 떠올리며 가로세로 낱말 퀴즈를 풀어 보세요.

	1			2
3				
4				
		5		
		6		

가로 문제

1 삼손이 블레셋 사람 천 명을 죽이고, 나귀의 턱뼈를 둔 장소의 이름은 무엇인가요? (17절)

4 학생이 교육을 받는 곳은 어디인가요?
(힌트: 초등○○, 중○○, 고등○○)

6 귀를 막아 시끄러운 소리를 막는 마개는 무엇인가요?

세로 문제

2 빌레몬서-○○○○-야고보서, 중간에 들어갈 신약성경의 책 이름은 무엇인가요?

3 삼손이 목마르다고 하자 하나님이 물을 내신 샘의 이름은 무엇인가요? (19절)

5 삼손이 블레셋 사람을 칠 때 무기로 삼은 것은 어떤 동물의 턱뼈인가요? (15절)

value

짝을 찾아 색칠해요

구원을 베풀어 주신 분이 하나님임을 기억하며, 알맞은 칸에 색칠하는 활동을 해 보세요.

	1	2	3	4	5	6	7	8	9	10	11	12
A												
B												
C												
D												
E												
F												
G												
H												
I												
J												
K												

색칠할 칸

B8 / B11
C2 / C3 / C4 / C7 / C9 / C11
D4 / D8 / D11
E4 / E10 / E11
F1 / F2 / F3 / F4 / F5 / F7 / F8 / F9 / F11
G3 / G8 / G11
H3 / H8 / H11
I3 / I7
J3 / J7 / J8 / J9 / J10 / J11

"나 ______________ 은/는

하나님이 내게

______________ 을

베풀어 주신 것을 기억할 거예요."

encourage

학습 요점

1. 구원을 베푸신 분은 하나님이심을 알아요.
2. 하나님이 구원해 주신 것에 감사하는 삶을 살아요.

이번 주 미션

구원을 베풀어 주신 하나님께 감사하는 마음을 담아 감사 기도문을 작성해 보세요.

감사 기도문

저를 구원해 주신 하나님, 감사합니다.

____

____

____

____

저를 구원해 주신 하나님께 매일 감사할 수 있게 도와주세요.
예수님 이름으로 기도합니다. 아멘.

이번 주 실천 사항

성경 읽기	기도하기	말씀 암송	이번 주 미션

2단원 4과

하나님이 우리를 도우세요

읽을 말씀 사사기 16장 23~31절

외울 말씀 여호와는 나의 힘과 나의 방패이시니 내 마음이 그를 의지하여 도움을 얻었도다 그러므로 내 마음이 크게 기뻐하며 내 노래로 그를 찬송하리로다(시편 28편 7절).

원 포인트 하나님은 하나님의 백성을 도우시는 분이에요.

welcome

누가 도와줄 수 있을까요?

다음 그림의 상황에서 누가 도움을 줄 수 있는지 생각해 보고 빈칸에 그려 보세요.

★ adventure ★

성경 이야기를 떠올리며, 다음의 다섯 가지 문제를 풀어 보세요.

1 블레셋 사람은 자신의 신이 삼손을 그들의 손에 넘겨주었다고 즐거워했어요. 블레셋 사람의 신은 누구일까요? (23절)

① 다곤 ② 아세라 ③ 바알

2 빈칸에 들어갈 말을 적어 보세요.

"주 여호와여 구하옵나니 나를 생각하옵소서 하나님이 구하옵나니 이번만 나를 ○○○ 하사 나의 두 눈을 뺀 블레셋 사람에게 원수를 단번에 갚게 하옵소서." (28절)

____

3 삼손은 집을 버틴 문 사이에서 하나님께 기도했어요. (○ / X)

4 삼손이 죽을 때 죽인 자가 살아 있을 때 죽인 사람보다 더 많았어요. (○ / X)

5 삼손을 강하게 만드신 분은 누구인가요? ________________

value

부록 143-144쪽

내 도움이신 하나님

삼손을 강하게 하여 이스라엘 백성을 도와주신 하나님을 기억하며, 두 기둥 사이의 '나'를 세워 보는 팝업북을 만들어 보세요. 그리고 우리의 도움이 되시는 하나님을 믿고 따르기로 다짐해요.

"나 ______________ 은/는 하나님이 그분의 백성을 도우심을 기억해요."

준비물

부록 공과 자료,
풀, 가위

활동 방법

1 부록 공과 자료를 뜯어요.
2 [그림 2]를 반으로 접어 표시된 선을 가위로 잘라요.
3 [그림 2]에 표시된 선을 접어서 튀어나오도록 만들어요.
4 [그림 2]를 [그림 3]에 붙여요.
5 [그림 1] 뒷면을 풀칠해 [그림 2] 가운데 부분에 붙여요.

encourage

학습 요점

1. 우리를 도와주실 분은 하나님이심을 알아요.
2. 우리의 도움이신 하나님을 의지하는 삶을 살아요.

이번 주 미션

하나님께 도움을 구하고, 응답해 주신 내용을 그림일기로 작성해 보세요.

년 월 일 요일 날씨

이번 주 실천 사항

성경 읽기	기도하기	말씀 암송	이번 주 미션

하나님 나라의 통치 1

3단원

unit 3

1과 기도하면 소망을 주세요

2과 우리를 통해 일하세요

3과 온 마음으로 회개해요

4과 하나님이 유일한 왕이에요

3단원 1과

기도하면 소망을 주세요

읽을 말씀 사무엘상 1장 9~18절

외울 말씀 야곱의 하나님을 자기의 도움으로 삼으며 여호와 자기 하나님에게 자기의 소망을 두는 자는 복이 있도다(시편 146편 5절).

원 포인트 하나님은 기도하는 자에게 소망을 주세요.

welcome

속닥속닥

옆 사람에게 귓속말로 행동 미션을 전달해 보세요.

★ **adventure** ★

한나가 하나님께 간절히 기도하는 모습을 색칠해 보세요.

value

어떻게 하면 좋을까요?

다음 상황을 보고 어떤 상황인지 적어 보세요. 그리고 그 상황에서 어떻게 하면 좋을지 그림이나 글로 표현해 보세요.

"나 ______________ 은/는 하나님께 기도하면

하나님이 들어주시는 것을 알아요."

encoure

encourage

학습 요점

1. 기도하는 사람에게 소망을 주시는 하나님을 알아요.
2. 우리에게 소망을 주시는 하나님께 기도하는 삶을 살아요.

이번 주 미션

기도 수첩을 만들어 매일 기도 제목을 적고 기도해요.

예 1. 우리 가족 모두 건강하게 해 주세요. 2. 친구를 전도하게 도와주세요.
3. 동생과 싸우지 않게 나의 마음을 만져 주세요.

월 일 <기도제목>

이번 주 실천 사항

성경 읽기	기도하기	말씀 암송	이번 주 미션

3단원 2과

우리를 통해 일하세요

읽을 말씀 사무엘상 3장 1~14절

외울 말씀 우리가 알거니와 하나님을 사랑하는 자 곧 그의 뜻대로 부르심을 입은 자들에게는 모든 것이 합력하여 선을 이루느니라(로마서 8장 28절).

원 포인트 하나님은 하나님이 부르신 사람을 통해 일하세요.

welcome

입 모양으로 말해요

소리 내지 않고 입 모양으로만 말해 보세요.

adventure

설교 말씀을 떠올리며 이야기 속의 숨은 그림을 찾아보세요.

보기 십자가 | 꽃 | 우산 | 왕관 | 하트

value

부록 145쪽

하나님의 사람 명패 만들기

하나님은 하나님의 사람을 불러 그분의 일을 하게 하신다는 사실을 기억하며, 하나님의 사람 명패를 만들어 보세요.

"나 ______________ 은/는 하나님이 찾으시는 하나님의 사람이 되어 그분의 일을 하기로 다짐해요."

준비물

부록 공과 자료,
색연필, 풀, 사인펜

활동 방법

1 부록 공과 자료를 뜯어요.
2 하나님의 사람 옆에 자신의 이름을 크게 적어요.
3 명패를 예쁘게 꾸며요.
4 명패를 선에 맞춰 접고, 풀칠하는 곳에 풀을 칠해요.
5 자신의 책상에 완성된 명패를 놓아요.

encourage

학습 요점

1. 하나님은 그분의 사람을 통해 일하신다는 것을 알아요.
2. 언제나 하나님의 일을 하는 삶을 살아요.

이번 주 미션

하나님이 기뻐하시는 일을 실천해 보세요.

	실천 내용	체크
월		
화		
수		
목		
금		

이번 주 실천 사항

성경 읽기	기도하기	말씀 암송	이번 주 미션

3단원 3과

온 마음으로 회개해요

읽을 말씀 사무엘상 7장 3~11절

외울 말씀 이 때부터 예수께서 비로소 전파하여 이르시되 회개하라 천국이 가까이 왔느니라 하시더라(마태복음 4장 17절).

원 포인트 하나님께 온 마음으로 회개해요.

welcome

어떻게 행동해야 할까요?

한 어린이가 실수로 컵을 깨뜨렸어요. 그렇다면 이후에 어떻게 행동해야 할까요? 친구들과 이야기해 보세요.

★ adventure ★

설교 말씀을 떠올리며 빈칸을 채워 성경 이야기를 완성해 보세요.

보기 미스바 | *우레 | 사무엘 | 번제

☐☐☐이 이스라엘 백성에게 우상을 제거하고 하나님만 섬기라고 말했어요.

이스라엘 백성은 ☐☐☐에 모여 *금식하면서 기도했어요.

블레셋 사람이 쳐들어온다는 소식을 들은 이스라엘 백성은 두려워했지만, 사무엘은 하나님께 ☐☐를 드렸어요.

하나님은 큰 ☐☐를 내리셔서 블레셋 사람을 어지럽게 하셨고, 이스라엘이 전쟁에서 승리하게 되었어요.

단어 설명

금식(6절) 음식을 먹지 않는 것을 뜻해요.
방백(7절) 지역을 다스리는 관리자를 뜻해요.
우레(10절) 순수한 우리말로 '천둥'이라는 뜻이에요.

value

미로를 찾아 문장을 완성해요

두 가지 갈림길을 통해 출구를 찾아보세요. 그리고 다짐 문장을 완성해 보세요.

회개는 ________을 바꾸어 ________께로 돌아가는 거예요.

“나 ____________은/는 우리를 용서하시는 하나님께

전심으로 ____________해요.”

encourage

학습 요점

1. 하나님께 온 마음으로 회개해야 한다는 것을 알아요.
2. 회개하고 하나님 한 분만 믿으며 살아요.

이번 주 미션

하나님 앞에서 고쳐야 할 것을 생각해 보고, 작성한 후 회개해 보세요.

1) 가정에서 내가 회개해야 할 것

2) 학교에서 내가 회개해야 할 것

3) 교회에서 내가 회개해야 할 것

이번 주 실천 사항

성경 읽기	기도하기	말씀 암송	이번 주 미션

3단원 4과

하나님이 유일한 왕이에요

읽을 말씀 사무엘상 8장 10~22절

외울 말씀 문들아 너희 머리를 들지어다 영원한 문들아 들릴지어다 영광의 왕이 들어가시리로다 영광의 왕이 누구시냐 만군의 여호와께서 곧 영광의 왕이시로다(시편 24편 9~10절).

원 포인트 하나님이 나에게 유일한 왕이에요.

welcome

당신은 누구십니까?

'당신은 누구십니까?' 게임을 해 보세요.

adventure

설교 말씀을 떠올리며 가로세로 퀴즈를 풀어 보세요.

			3			2
1						
		1				
2						

가로 문제

1 오늘 말씀에 나오는 선지자는 누구인가요?

2 이스라엘 백성은 사무엘에게 어떤 행동을 했나요? (10절) (힌트: 요 | 왕 | 을 | 구)

3 이스라엘 백성의 요구를 들은 사무엘은 무엇을 하나요? (6절)

세로 문제

1 하나님은 어떤 분이신가요? (힌트: ㅇㅇㅎ ㅇ)

2 이스라엘뿐 아니라 우리의 유일한 왕은 누구이신가요?

단어 설명

제도(11절) 법으로 정한 규칙을 뜻해요.

부록 146쪽

하나님께 드리는 왕관 만들기

우리의 유일한 왕이신 하나님께 드리는 왕관을 만들어 보세요.

준비물

부록 공과 자료,
색연필, 풀, 사인펜

활동 방법

1 부록 공과 자료를 뜯어요.
2 왕관에 있는 글자를 따라 쓰고, 하나님이 나의 유일한 '왕'이라고 적어요.
3 왕관을 색칠하여 이쁘게 꾸며요.
4 머리둘레에 맞춰 왕관을 붙여요.
5 완성된 왕관을 쓰고, 하나님이 나의 왕이심을 고백해요.

encourage

학습 요점	1. 하나님이 내 유일한 왕이심을 알아요. 2. 유일한 왕이신 하나님 한 분만을 믿고 의지하며 살아요.

이번 주 미션

왕이신 하나님을 높이는 가정예배를 드려요.

미션 1	'왕'이라는 단어가 들어간 찬송가 부르기
미션 2	왕이신 하나님께 기도하며 예배하기

이번 주 실천 사항

성경 읽기	기도하기	말씀 암송	이번 주 미션

하나님 나라의 통치 1

4단원

unit 4

4단원 1과

말씀이 삶의 기준이에요

읽을 말씀 사무엘상 13장 8~15절

외울 말씀 오직 강하고 극히 담대하여 나의 종 모세가 네게 명령한 그 율법을 다 지켜 행하고 우로나 좌로나 치우치지 말라 그리하면 어디로 가든지 형통하리니(여호수아 1장 7절).

원 포인트 하나님의 말씀은 나의 삶의 기준이에요.

welcome

"기다려 봐"

기다리기 게임을 해 보세요.

★ adventure ★

성경 이야기를 떠올리며, 다음의 다섯 가지 문제를 풀어 보세요.

1 사울은 누가 오기를 기다렸나요? ______

2 사울은 사무엘을 대신하여 하나님께 무엇을 드리나요?
① 음식 ② 땅 ③ 번제

3 사무엘을 대신해 번제를 드린 사울은 사무엘에게 칭찬을 받았다. (○ / X)

4 사울이 사무엘에게 들은 대답을 완성해 보세요.
"왕은 하나님의 (A)을 지키지 못했습니다. 왕의 (B)가 길지 못할 것입니다."

A : ______ B : ______

5 빈칸을 채워 말씀을 완성해 보세요.
"사울이 자기와 함께 한 백성의 수를 세어 보니 ______ 명 가량이라." (15절)

단어 설명

이레(8절) 7일을 뜻해요.
망령(13절) 정상적인 행동과 말을 하지 못하는 것을 뜻해요.

value

내 마음의 중심에 있는 것은?

'내 마음의 중심에 있는 것'을 그려 보세요.

"나 ________________ 은/는 하나님의 말씀이

내 삶의 ________________ 이에요."

encourage

학습 요점

1. 하나님의 말씀을 내 마음의 중심에 두어야 한다는 것을 알아요.
2. 하나님의 말씀을 내 마음의 중심에 두고 살아요.

이번 주 미션

내 마음의 중심에 두어야 할 것을 작성해 보세요.

1. 예 하나님의 말씀 읽기 (하루에 ________분 동안 ________장 읽기)

월	화	수	목	금	토

2.

월	화	수	목	금	토

3.

월	화	수	목	금	토

이번 주 실천 사항

성경 읽기	기도하기	말씀 암송	이번 주 미션

4단원 2과

겸손하게 말씀을 따라요

읽을 말씀 사무엘상 15장 10~23절

외울 말씀 순종이 제사보다 낫고 듣는 것이 숫양의 기름보다 나으니(사무엘상 15장 22b절).

원 포인트 하나님의 말씀에 겸손하게 순종해요.

welcome

어떻게 반응해야 할까요?

다음 그림을 보고 어떻게 반응해야 할지 서로 이야기해 보세요.

adventure

사무엘상 15장 20~23절을 읽고 빈칸에 들어갈 말을 <보기>에서 찾아 넣으세요.

보기 기도 | 아말렉 | 순종 | 말씀 | 제사 | 예배

20 사울이 사무엘에게 이르되 나는 *실로 여호와의 목소리를 청종하여 여호와께서 보내신 길로 가서 ☐☐☐ 왕 아각을 끌어 왔고 ☐☐☐ 사람들을 *진멸하였으나

21 다만 백성이 그 마땅히 멸할 것 중에서 가장 좋은 것으로 길갈에서 당신의 하나님 여호와께 ☐☐하려고 양과 소를 끌어 왔나이다 하는지라

22 사무엘이 이르되 여호와께서 번제와 다른 제사를 그의 목소리를 청종하는 것을 좋아하심 같이 좋아하시겠나이까 ☐☐이 제사보다 낫고 듣는 것이 숫양의 기름보다 나으니

23 이는 거역하는 것은 점치는 죄와 같고 완고한 것은 사신 우상에게 절하는 죄와 같음이라 왕이 여호와의 ☐☐을 버렸으므로 여호와께서도 왕을 버려 왕이 되지 못하게 하셨나이다 하니

단어 설명

실로(20절) '거짓 없이 사실대로', '진심으로'라는 뜻이에요.

진멸(20절) '무찔러 모두 없애다'라는 뜻이에요.

value

부록 147쪽

표정으로 반응해요

하나님의 말씀을 들을 때 어떻게 반응해야 할지 얼굴 체인지를 통해 표현해 보세요.

준비물

부록 공과 자료,
풀

활동 방법

1 부록 공과 자료를 뜯어요.
2 안경의 풀칠하는 부분을 접고, 풀칠하여 어린이에게 붙여요.
3 세 가지 표정을 하나씩 안경 안쪽으로 넣어 봐요.
4 하나님의 말씀에 웃는 모습으로 반응하기로 다짐해요.

encourage

학습 요점

1. 하나님의 말씀에 겸손하게 순종해야 함을 알아요.
2. 하나님의 말씀에 겸손하게 순종하며 살아요.

이번 주 미션

한 주 동안 내가 지켜야 할 말씀을 쓰고, 말씀을 어떻게 지켰는지 작성해 보세요.

지켜야 할 말씀	말씀을 지킨 방법
예 부모님 공경하기	하나님의 말씀에 겸손하게 순종하며 부모님을 공경했어요. 특별히 부모님이 말씀하신 대로 먼저 공부하고 나서 게임을 했어요.

이번 주 실천 사항

성경 읽기	기도하기	말씀 암송	이번 주 미션

4단원 3과

하나님은 마음을 보세요

읽을 말씀 사무엘상 16장 6~13절

외울 말씀 내가 보는 것은 사람과 같지 아니하니 사람은 외모를 보거니와 나 여호와는 중심을 보느니라 하시더라(사무엘상 16장 7b절).

원 포인트 하나님은 우리의 중심을 보시는 분이에요.

welcome

나는 누구일까요?

다음 그림의 사람들은 각각 어떤 사람일까요? 함께 이야기해 보세요.

adventure

성경 이야기를 떠올리며, 다음의 세 가지 문제를 풀어 보세요.

1 사무엘이 엘리압에게 기름을 부으려고 할 때 하나님이 하신 말씀을 완성해 보세요.

"사람은 __________를 보거니와 나 여호와는 __________을 보느니라." (7절)

2 하나님이 사울의 뒤를 이어 이스라엘 왕으로 선택한 사람에게 동그라미를 치고, 그의 이름을 적어 보세요.

____

3 사무엘은 하나님께 선택받은 다윗에게 무엇을 부어 주었나요? __________

중심 월드컵

중심 월드컵을 통해 내 마음의 중심에 있는 것의 순위를 매겨 보세요.

"하나님은 내 ____________의 중심을 보시는 분이심을 기억해요."

encourage

학습 요점

1. 하나님은 우리의 중심을 보시는 분임을 알아요.
2. 중심을 보시는 하나님을 내 마음의 중심에 두며 살아요.

이번 주 미션

하나님을 내 마음의 중심에 둔 하루를 그림일기로 기록해 보세요.

년 월 일 요일 날씨

이번 주 실천 사항

성경 읽기	기도하기	말씀 암송	이번 주 미션

4단원 4과

하나님을 의지해요

읽을 말씀 사무엘상 17장 31~40절

외울 말씀 다윗이 블레셋 사람에게 이르되 너는 칼과 창과 단창으로 내게 나아 오거니와 나는 만군의 여호와의 이름 곧 네가 모욕하는 이스라엘 군대의 하나님의 이름으로 네게 나아가노라(사무엘상 17장 45절).

원 포인트 언제나 하나님을 의지해요.

welcome

도움을 줄 방법은?

다음 그림을 보고 각 상황에 맞는 도움을 줄 방법을 생각해 보고 이야기를 나눠 보세요.

adventure

성경 이야기를 색칠하고 말씀을 따라 써 보세요.

다윗은 전쟁터에서 블레셋의 장군 골리앗이
이스라엘과 하나님을 욕하는 소리를 들었어요.
그러자 다윗은 화가 났어요.

이것을 알게 된 사울은 다윗을 불렀어요.
다윗은 하나님의 군대를 욕하는 골리앗을
내버려 둘 수 없다고 했어요.

다윗은 사울의 갑옷이 아니라
물 맷돌을 들고 거인 골리앗과 싸우러 갔어요.

왜냐하면 다윗은 어려운 상황에서
하나님의 능력을 *의지했기 때문이에요.
그래서 골리앗을 무찌를 수 있었어요.

단어 설명

의지 어떤 것에 도움을 받는 것을 말해요.

value

부록 148쪽

물 맷돌 목걸이

어려운 상황에서 하나님을 의지한 다윗을 떠올리며, 우리 친구들도 하나님을 의지하기로 다짐해요. 그리고 '하나님을 의지하는 물 맷돌 목걸이'를 만들어 보세요.

준비물

부록 공과 자료,
가위, 색연필,
두꺼운 실

활동 방법

1 부록 공과 자료를 뜯어요.
2 빈칸에 '하나님'이라고 적은 뒤 색연필로 꾸며요.
3 물 맷돌 목걸이 윗부분에 구멍을 내고, 두꺼운 실을 넣어 목걸이를 만들어요.
4 목걸이를 목에 걸고, 언제나 하나님을 의지하기로 결심해요.

encourage

학습 요점

1. 하나님의 사람은 언제나 하나님을 의지해야 함을 알아요.
2. 언제나 하나님을 의지하는 삶을 살아요.

이번 주 미션

가족과 함께 언제나 하나님을 의지하는 '하나님 의지 플랜'을 세우고, 그 플랜을 실천해 보세요.

하나님 의지 플랜	
누가	
언제, 어떤 상황에서	
무엇을 의지할 것인가요?	하나님을 의지해요.
잘 실천했나요?	

이번 주 실천 사항

성경 읽기	기도하기	말씀 암송	이번 주 미션

4단원 5과

하나님이 함께하시면 문제없어요

읽을 말씀 사무엘상 18장 6~16절

외울 말씀 너희는 살려면 선을 구하고 악을 구하지 말지어다 만군의 하나님 여호와께서 너희의 말과 같이 너희와 함께 하시리라(아모스 5장 14절).

원 포인트 하나님이 함께하는 사람은 모든 일이 잘돼요.

welcome

세상에서 말하는 성공은?

세상에서 말하는 '성공한 사람'은 어떤 모습인가요? 이야기해 보세요.

성경 이야기 그림에서 숨은 글자를 찾아서 적어 보세요.

단어 설명

악령(10절) 성경에 나오는 악한 영. 하나님이 함께하시지 않는 사람은 악한 영의 괴롭힘을 받아요.

value

하나님과 함께 잘되는 나의 하루

하루 시간표를 그려 보세요. 그리고 내 하루의 시간마다 함께하시는 분이 누구인지 생각해 보세요.

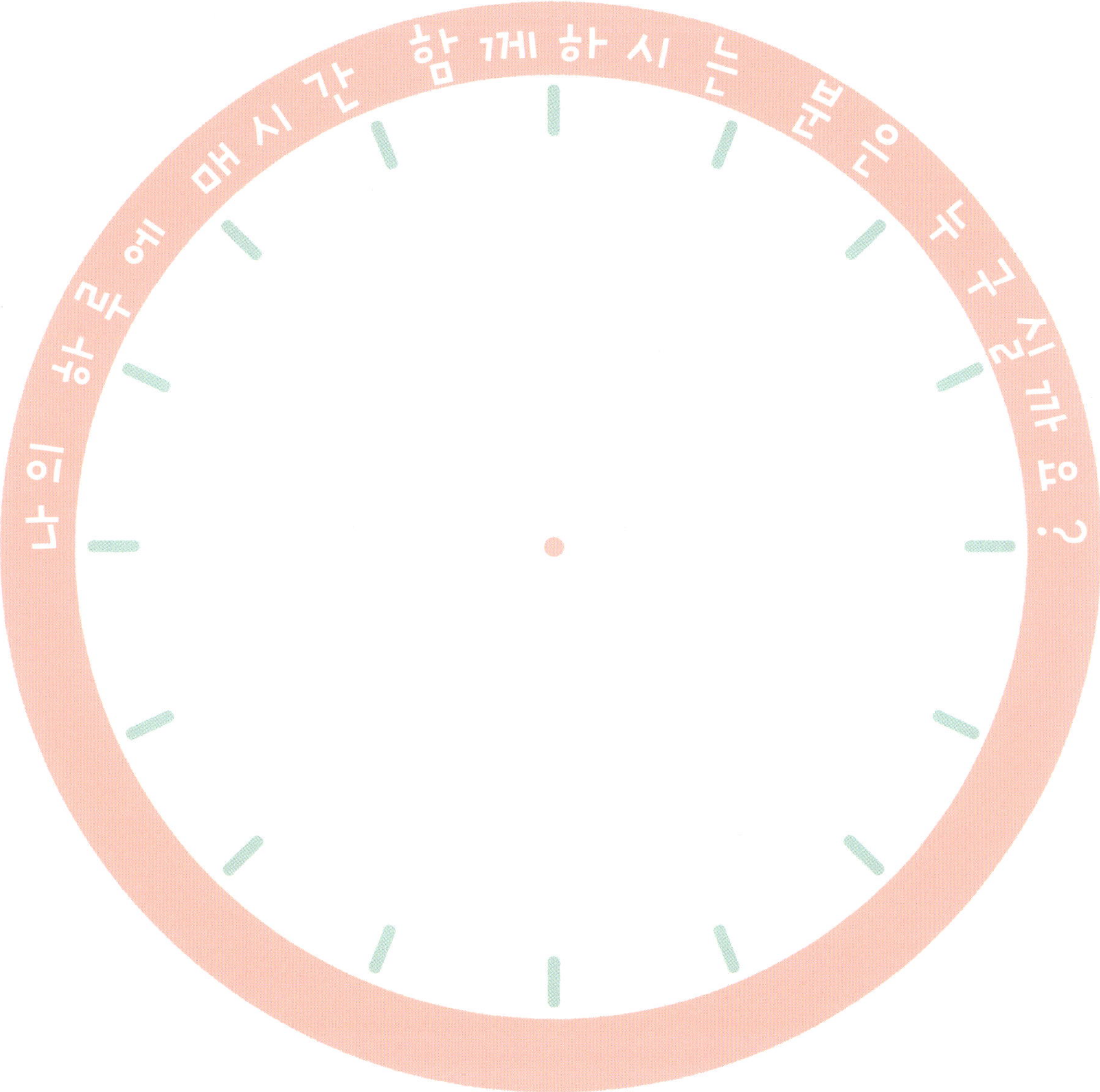

"나 ______________ 은/는 항상 하나님이 함께하셔서 잘되는 사람임을 기억하며 살아가요."

encourage

학습 요점

1. 하나님이 함께하는 사람은 잘되는 사람임을 알아요.
2. 하나님이 늘 함께하심을 기억하며 살아요.

이번 주 미션

온 가족이 모여 하나님의 함께하심을 기억하고, 하나님이 함께하신 장소에 포스트잇을 붙여 주세요.

이번 주 실천 사항

성경 읽기	기도하기	말씀 암송	이번 주 미션

하나님 나라의 통치 1

5단원

unit 5

1과 하나님의 뜻대로 살아요

2과 하나님께 모두 맡겨요

3과 죄의 길에서 떠나요

4과 하나님과 함께 승리해요

5단원 1과

하나님의 뜻대로 살아요

읽을 말씀 사무엘상 20장 35~42절

외울 말씀 나의 하나님이여 내가 주의 뜻 행하기를 즐기오니 주의 법이 나의 심중에 있나이다 하였나이다(시편 40편 8절).

원 포인트 언제나 하나님의 뜻을 따라 살아요.

welcome

무엇이 가장 중요할까요?

한 어린이의 이야기를 들어보고 무엇이 가장 중요한지 이야기해 보세요.

adventure

사무엘상 20장 40~42절을 읽고 빈칸에 들어갈 말을 <보기>에서 찾아 넣으세요.

보기 여호와 | 영원 | 아이 | 평안 | 무기

40 요나단이 그의 ☐☐를 아이에게 주며 이르되 이것을 가지고 성읍으로 가라 하니

41 ☐☐가 가매 다윗이 곧 바위 남쪽에서 일어나서 땅에 엎드려 세 번 절한 후에 서로 입
맞추고 같이 울되 다윗이 더욱 심하더니

42 요나단이 다윗에게 이르되 ☐☐히 가라 우리 두 사람이 ☐☐☐의 이름으로
맹세하여 이르기를 *여호와께서 ☐☐히 나와 너 사이에 계시고 내 자손과 네 자손 사이
에 계시리라 하였느니라 하니 다윗은 일어나 떠나고 요나단은 성읍으로 들어가니라

단어 설명

여호와께서 영원히 나와 너 사이에 계시고(42절) 하나님의 뜻을 가장 중요하게 생각한 다윗과 요나단을 하나님이 안전하게 지켜 주실 것이라는 말이에요.

value

부록 149쪽

하나님의 뜻을 따라 사는 나

하나님의 뜻을 가장 중요하게 생각하고 그분의 뜻을 따른 요나단을 기억하며, 하나님의 뜻을 따라 살기로 다짐해요. 이를 위해 '하나님의 뜻을 따라 사는 나'를 만들어 보세요.

"나 ______________ 은/는 하나님의 뜻을 따라 살아요."

준비물

부록 공과 자료, 가위, 색연필, 실, 투명 테이프

활동 방법

1 부록 공과 자료(하나님의 뜻 판, 어린이)를 뜯어요.
2 부록 하나님의 뜻 판의 '하나님의 뜻을 따라 살아요' 부분을 색칠하고 예쁘게 꾸며 주세요.
3 성별에 맞게 어린이 부록을 선택한 뒤 뒷면에 투명 테이프로 실을 붙여 주세요.
4 부록 하나님의 뜻 판의 양쪽 끝에 구멍을 뚫어 실의 양쪽 끝을 하나씩 넣어 주세요. 그리고 부록 '하나님의 뜻 판'을 뒤집고 실로 묶어 고정시켜 주세요.
5 하나님의 뜻 판을 잡고, 뒷면의 실을 위아래로 움직이며 하나님의 뜻을 따라 살기로 다짐해요.

encourage

학습 요점

1. 하나님의 사람은 그분의 뜻을 가장 중요하게 생각해야 해요.
2. 하나님의 뜻을 따라 살아요.

이번 주 미션

이번 한 주간 내가 가장 중요하게 생각해야 하는 하나님의 뜻이 무엇인지 생각해 보고, 그분의 뜻을 따라 살도록 기도문을 작성해 보세요.

이번 주 내가 가장 중요하게 생각해야 하는 하나님의 뜻은?	하나님의 뜻을 따라 살기로 결심하는 기도문

이번 주 실천 사항

성경 읽기	기도하기	말씀 암송	이번 주 미션

5단원 2과

하나님께 모두 맡겨요

읽을 말씀 사무엘상 24장 1~15절

외울 말씀 너는 범사에 그를 인정하라 그리하면 네 길을 지도하시리라(잠언 3장 6절).

원 포인트 하나님께 모든 것을 맡기는 삶을 살아요.

welcome

해결하기 어려운 일을 만날 때

우리 친구들은 해결하기 어려운 일을 만날 때 어떻게 행동하나요? 이야기해 보세요.

adventure

성경 이야기를 떠올리며, 다음의 세 가지 문제를 풀어 보세요.

1 사울이 다윗을 없애기 위해 그를 찾아 뒤쫓아 간 광야의 이름은 무엇인가요?
① 신 광야　② 엔게디 광야　③ 바란 광야

2 다윗은 사울의 옷자락을 베고 마음이 찔렸는데, 그 이유는 사울도 하나님이 기름 부어 세우신 왕이었기 때문이에요. (○ / X)

3 사울의 옷자락만 베고 그를 살려 준 것은 다윗이 하나님께 무엇을 맡겼기 때문일까요? 글자를 따라 써 보세요.

다윗은 하나님께 모든 것을 맡겼어요.

단어 설명

기름 부음을 받은 자(10절) 하나님이 선택하신, 그분의 일을 위해 세운 사람을 말해요. 성경에서는 대표적으로 왕과 선지자, 제사장이 기름 부음을 받은 사람이에요.

재판장(15절) 잘한 일과 잘못한 일을 따져 어떤 벌을 내릴지 결정하는 사람이에요.

'하나님께 맡겨요' 빙고

우리는 다윗처럼 하나님께 모든 것을 맡겨야 해요. 이제 내가 하나님께 맡겨야 하는 일을 다음 빙고 칸에 적어 주세요. 그리고 빙고 활동을 진행해요.

내가 하나님께 맡겨야 하는 일들

- 형제자매와 사이좋게 지내기
- 열심히 공부하기
- 부모님 말씀 잘 듣기
- 하나님을 더욱 사랑하기
- 예배 시간에 떠들지 않기
- 친구와 다투지 않기
- 화가 날 때 오래 참기
- 기도를 많이 하기
- 예쁜 말 사용하기
- 스마트폰을 오래 하지 않기
- 정리 정돈 잘하기
- 복수하지 않기

"나 ______________ 은/는 하나님께 모든 것을 맡길 거예요."

활동 방법

1 하나님께 맡겨야 하는 일을 '내가 하나님께 맡겨야 하는 일들'에서 찾아 빙고 판에 적어 보세요.

2 빙고 판에 모두 적고 나서 가위바위보를 하여 순서를 정해요.

3 순서에 따라 가로세로 대각선 세 줄 빙고를 완성할 때까지 활동을 진행해요.

4 세 줄 빙고를 완성한 어린이는 "하나님께 모든 것을 맡겨요"라고 외쳐요.
가장 먼저 "하나님께 모든 것을 맡겨요"라고 외친 어린이가 승리해요.

encourage

학습 요점

1. 하나님의 사람은 그분께 모든 것을 맡기기로 다짐해요.
2. 하나님께 모든 것을 맡기는 삶을 살아요.

이번 주 미션

이번 주에 하나님께 맡겨야 하는 일을 먼저 그려 보세요. 그리고 그 일을 하나님께 맡겼을 때 하나님이 어떻게 일하셨는지 그려 보세요.

내가 하나님께 맡겨야 하는 일	하나님이 이렇게 일하셨어요.

이번 주 실천 사항

성경 읽기	기도하기	말씀 암송	이번 주 미션

5단원 3과

죄의 길에서 떠나요

읽을 말씀 사무엘상 25장 23~35절

외울 말씀 지혜 있는 자의 교훈은 생명의 샘이니 사망의 그물에서 벗어나게 하느니라(잠언 13장 14절).

원 포인트 하나님의 지혜는 죄의 길에서 떠나게 해요.

welcome

허들을 넘어라!

허들 넘기를 해 본 적이 있나요? 허들을 잘 넘는 방법에 관한 이야기를 나눠 보세요.

adventure

각각의 성경 그림이 나타내는 상황을 따라 써 보세요.
그리고 '지혜'는 노란색으로, '죄악'은 파란색으로 색칠해 보세요.

단어 설명

죄악(24절) 하나님이 미워하시는 거예요. 예를 들어 하나님의 말씀을 떠나 욕심부리고, 다른 사람에게 복수하고자 하는 마음이에요.

미련(25절) 어리석고 둔해 고집부리는 것을 말해요.

value

부록 150쪽

지혜를 가진 나

지혜를 가진 아비가일이 다윗을 죄악의 길에서 떠나게 한 것을 기억하면서 우리 친구들도 지혜 갖기를 소망하기로 다짐해요. 이를 위해 '지혜를 가진 나'를 만들어 볼게요.

"나 ________________ 은/는 죄의 길에서 떠나게 하는 지혜를 가졌어요."

준비물

부록 공과 자료,
색연필, 풀

활동 방법

1 부록 공과 자료(어린이, 하트)를 뜯어요.
2 부록 하트의 '지혜' 부분을 색칠하고 예쁘게 꾸며 주세요.
3 성별에 맞춰 어린이 부록을 꾸미고 나서
부록 '하트'의 뒷부분에 풀칠해서 어린이의 가운데에 붙여 주세요.
4 지혜를 가진 사람의 마음을 생각하며
부록 어린이의 눈썹과 입 모양을 그려 기쁜 표정을 완성해 주세요.

encourage

학습 요점

1. 지혜가 죄악의 길에서 떠나게 한다는 것을 알아요.
2. 죄악의 길에서 떠나게 하는 지혜 갖기를 소망해요.

이번 주 미션

지혜를 가지고 죄악의 길을 떠난 일을 그림일기로 기록해 보세요.

년 월 일 요일 날씨

이번 주 실천 사항

성경 읽기	기도하기	말씀 암송	이번 주 미션

5단원 4과

하나님과 함께 승리해요

읽을 말씀 사무엘상 30장 16~25절

외울 말씀 그러나 주께 피하는 모든 사람은 다 기뻐하며 주의 보호로 말미암아 영원히 기뻐 외치고 주의 이름을 사랑하는 자들은 주를 즐거워하리이다(시편 5편 11절).

원 포인트 어려운 상황에서 하나님을 찾으면 승리해요.

welcome

이모티콘을 찾아라!

다른 모양을 한 이모티콘이 숨겨져 있어요. 다른 이모티콘 하나를 찾아보세요.

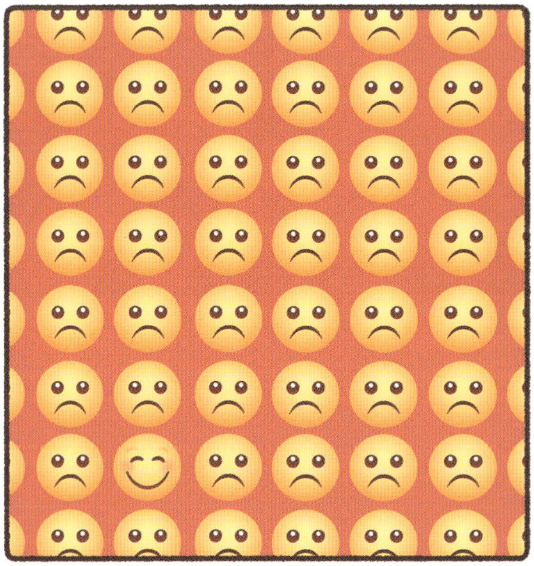

adventure

성경 이야기를 색칠하고 말씀을 따라 써 보세요.

다윗은 사울 왕을 피해 블레셋 땅으로 피했어요.
다윗은 가드 왕 아기스의 도움을 받아
시글락 지역에 살았어요.

다윗이 잠시 자리를 비우자,
아말렉 사람들이 시글락으로 쳐들어와서
다윗의 물건과 그의 가족을 납치해 갔어요.

어려운 상황 가운데서 다윗은 하나님을 찾았고,
하나님을 찾은 뒤 용기를 얻었어요.

다윗은 하나님의 말씀대로
아말렉 사람들을 공격했어요.
그때 하나님은 승리를 주셨어요.

value

하나님을 찾아라!

어려운 상황에서도 가장 먼저 하나님을 찾은 다윗을 기억하면서 우리 친구들도 하나님을 찾는 삶을 살기로 다짐해요. 그럼 '하나님을 찾아라' 활동을 진행해 볼게요.

하	너	뇌	햐	나	남	가	나	다	라	하	나	님	아	자	차	카	타	파	하
냐	나	녀	오	수	러	마	허	빙	골	니	친	구	사	이	하	히	사	나	난
선	생	님	사	랑	해	요	아	하	러	브	유	하	마	얼	룩	말	님	린	말
예	수	는	그	리	스	도	이	나	이	다	다	하	윗	처	럼	살	아	가	요
하	파	타	카	카	자	라	사	님	마	라	다	나	오	리	어	카	센	터	널
호	랑	이	사	자	코	뿔	소	가	가	동	물	님	리	울	카	리	노	니	옹

"나 ______________ 은/는 하나님을 찾으면 승리한다는 사실을 기억할 거예요."

활동 방법

1 여러 글자가 섞여 있는 표에서 가로, 세로, 대각선의 조합으로 단어 '하나님'을 찾아보세요.

2 '하나님' 단어가 총 5개 숨겨져 있어요.

3 '하나님'을 찾아 동그라미를 치고 모두 찾은 친구는 "하나님을 찾으면 승리해요"라고 크게 외쳐 보세요.

4 가장 먼저 "하나님을 찾으면 승리해요"라고 외치는 친구가 승리해요.

★ encourage ★

학습 요점

1. 어려운 일을 만날 때 가장 먼저 하나님을 찾아야 함을 알아요.
2. 하나님을 찾으면 승리가 주어진다는 사실을 기억하며 살아요.

이번 주 미션

어려운 순간에 가장 먼저 하나님을 찾고 기도하기로 해요. 그리고 하나님을 찾을 때 주어지는 승리를 마음껏 누려 보세요.

	내가 가진 어려운 일은?	하나님을 찾아요!	승리했나요?
월			
화			
수			
목			
금			
토			

이번 주 실천 사항

성경 읽기	기도하기	말씀 암송	이번 주 미션

하나님 나라의 통치 1

6단원

unit 6

1과 하나님을 인정해요

2과 하나님이 다스리세요

3과 나의 하나님을 찬양해요

4과 죄의 결과는 죽음이에요

6단원 1과

하나님을 인정해요

읽을 말씀 사무엘하 1장 1~16절

외울 말씀 그러므로 내가 범사에 모든 주의 법도들을 바르게 여기고 모든 거짓 행위를 미워하나이다(시편 119편 128절).

원 포인트 언제나 하나님을 인정하는 삶을 살아요.

welcome

나에게 필요한 태도는?

다음 상황에서 우리 친구들에게 필요한 태도는 무엇일까요? 이야기해 보세요.

adventure

성경 이야기를 떠올리며, 다음의 세 가지 문제를 풀어 보세요.

1 다윗이 시글락에서 돌아오고 몇 일째 되던 날에 한 사람이 다윗을 찾아왔나요?
① 2일(이틀) ② 3일(사흘) ③ 4일(나흘)

2 사울이 죽은 장소는 시내산이에요. (○ / X)

3 다음 문장의 빈칸에 알맞은 말을 채워 보세요.

사울은 하나님을 ________________하지 않았어요.

반대로 다윗은 하나님을 ________________하는 삶을 살았어요.

단어 설명

진영(3절) 전투에서 한 부대가 점령하고 있는 지역이나 장소를 말해요.

value

부록 151쪽

하나님 인정 팔찌

다윗이 하나님을 인정한 것을 기억하면서 우리도 하나님을 인정하는 삶을 살기로 다짐해요. 이를 위해 '하나님 인정 팔찌'를 만들어 볼게요.

"나 ____________ 은/는 언제나 하나님을 인정하는 삶을 살아요."

준비물

부록 공과 자료, 색연필, 풀

활동 방법

1. 부록 공과 자료(하나님 인정 팔찌)를 뜯어요.
2. 부록 '하나님 인정 팔찌' 가운데 부분을 색칠하고 예쁘게 꾸며 주세요.
3. 자신의 손목 둘레에 맞춰 팔찌를 풀칠해 붙여 주세요.

encourage

학습 요점

1. 항상 하나님을 인정하는 삶을 살아야 해요.
2. 다윗처럼 하나님을 인정하는 삶을 살아요.

이번 주 미션

이번 주에 하나님을 인정해야 하는 순간이 언제인지 생각해 보고, 하나님을 인정해야 하는 순간을 글이나 그림으로 표현해 보세요.

내가 하나님을 인정해야 하는 순간은?	하나님을 인정했나요?
	하나님을 인정했어요!

이번 주 실천 사항

성경 읽기	기도하기	말씀 암송	이번 주 미션

6단원 2과

하나님이 다스리세요

읽을 말씀 사무엘하 5장 1~12절

외울 말씀 여호와여 주의 긍휼을 내게서 거두지 마시고 주의 인자와 진리로 나를 항상 보호하소서(시편 40편 11절).

원 포인트 하나님이 우리를 다스리심을 기억해요.

welcome

내가 기억해야 하는 것은?

다음 상황에서 우리 친구들이 기억해야 하는 것은 무엇인지 이야기해 보세요.

adventure

사무엘하 5장 1~5절을 읽고 빈칸에 들어갈 말을 <보기>에서 찾아 넣으세요.

보기 목자 | 다윗 | 유다 | *주권자 | 언약

1 이스라엘 모든 지파가 헤브론에 이르러 ☐☐에게 나아와 이르되 보소서 우리는 왕의 한 *골육이니이다

2 전에 곧 사울이 우리의 왕이 되었을 때에도 이스라엘을 거느려 출입하게 하신 분은 왕이시었고 여호와께서도 왕에게 말씀하시기를 네가 내 백성 이스라엘의 ☐☐가 되며 네가 이스라엘의 ☐☐☐가 되리라 하셨나이다 하니라

3 이에 이스라엘 모든 장로가 헤브론에 이르러 왕에게 나아오매 다윗 왕이 헤브론에서 여호와 앞에 그들과 ☐☐을 맺으매 그들이 다윗에게 기름을 부어 이스라엘 왕으로 삼으니라

4 다윗이 나이가 삼십 세에 왕위에 올라 사십 년 동안 다스렸으되

5 헤브론에서 칠 년 육 개월 동안 ☐☐를 다스렸고 예루살렘에서 삼십삼 년 동안 온 이스라엘과 유다를 다스렸더라

단어 설명

골육(1절) 뼈와 살을 의미하며, 성경에서 쓰일 때는 부모님과 자녀 사이나 형제 사이, 가족 사이를 말해요.

주권자(2절) 최고 권력을 가진 사람을 말해요. 예를 들면 왕이 있어요.

value

하나님이 나를 다스리시는 순간은?

하나님이 나를 다스리시는 경험을 해 본 적이 있나요? 그중 가장 기억에 남는 순간을 글이나 그림으로 표현해 보세요.

"나 ______________ 은/는 하나님의 다스리심을 기억하기로 다짐해요."

encourage

학습 요점

1. 다윗처럼 하나님의 다스리심을 기억해요.
2. 하나님의 다스리심을 기억하며 살아요.

이번 주 미션

하나님은 나를 항상 다스리시고, 우리 가족을 다스리세요. 이 사실을 기억하며 "하나님이 우리를 다스리세요"라는 문구가 들어간 포스터를 그려 보세요.

이번 주 실천 사항

성경 읽기	기도하기	말씀 암송	이번 주 미션

6단원 3과

나의 하나님을 찬양해요

읽을 말씀 사무엘하 6장 12~23절

외울 말씀 왕이신 나의 하나님이여 내가 주를 높이고 영원히 주의 이름을 송축하리이다(시편 145편 1절).

원 포인트 나의 왕 하나님을 기쁨으로 찬양해요.

welcome

유명한 선수의 야구공을 가진 나

야구를 정말 좋아하는 어린이가 야구장에 갔다가 홈런을 친 선수의 야구공을 받았어요. 이때 이 어린이의 기분은 어떨까요? 이야기를 나눠 보세요.

★ adventure ★

성경 이야기 그림에서 틀린 그림을 찾아보세요. (5개)

단어 설명

하나님의 궤(12절) 하나님의 함께하심을 상징하는 상자로, 십계명과 만나, 아론의 싹이 난 지팡이가 들어 있어요.

에봇(14절) 겉옷 위에 걸치는 소매가 없는 조끼 모양의 겉옷으로, 제사 드릴 때 입는 옷이에요.

★ **value** ★

하나님을 찬양해요

왕이신 하나님을 높여 드리기 위한 찬양을 만들어 보세요.

가사 :

가사 :

"나 ________________ 은/는 항상 하나님을 찬양하는 삶을 살기로 다짐해요."

encourage

학습 요점

1. 나의 왕 하나님을 찬양해야 함을 알아요.
2. 나의 왕 하나님을 찬양하며 살아요.

이번 주 미션

나의 왕 하나님을 가족과 함께 찬양해요. 이를 위해 value에서 만든 찬양을 가족과 함께 불러 보는 시간을 갖고 율동도 만들어 보세요.

이번 주 실천 사항

성경 읽기	기도하기	말씀 암송	이번 주 미션

6단원 4과

죄의 결과는 죽음이에요

읽을 말씀 사무엘하 11장 1~13절

외울 말씀 욕심이 잉태한즉 죄를 낳고 죄가 장성한즉 사망을 낳느니라(야고보서 1장 15절).

원 포인트 말씀을 떠난 죄의 결과는 죽음이에요.

welcome

내가 심고 싶은 과일은?

꼭 심어 보고 싶은 과일이 있나요? 평소 심어 보고 싶었던 과일의 씨앗을 그려 보세요. 그리고 그 씨앗이 무럭무럭 자랐을 때의 모습도 그려 보세요.

씨앗 그림	→	과일 그림

adventure

왜 이런 일이 일어났을까요?

Q 왜 이런 일이 일어났을까요?

Q 왜 이런 일이 일어났을까요?

Q 왜 이런 일이 일어났을까요?

단어 설명

안부(7절) 어떤 사람이 편안하게 잘 있는지 물어보는 일이에요.

value

죄를 멀리해요

죄의 결과는 사망임을 기억하면서 죄를 멀리하기로 다짐해요. 우리 친구들이 자주 짓는 죄를 그림이나 글로 표현한 뒤 죄를 멀리하기로 다짐해요.

내가 자주 짓는 죄는?	죄를 어떻게 해야 할까요?

"나 ________________ 은/는 죄의 결과가 사망임을 알고

죄를 멀리하기로 다짐해요."

★ **encourage** ★

학습 요점

1. 하나님이 미워하시는 죄의 결과는 죽음임을 알아요.
2. 죄를 멀리하기로 다짐해요.

이번 주 미션

자주 짓는 죄 여섯 가지를 네모 칸 안에 적어요. 그리고 한 주간 이 죄를 멀리할 때마다 "죄를 멀리해요"라고 외치면서 색칠해 보세요.

이번 주 실천 사항

성경 읽기	기도하기	말씀 암송	이번 주 미션

하나님 나라의 통치 1

절기 공과

종려 주일

고난을 기억해요

부활 주일

부활을 전해요

종려 주일

고난을 기억해요

읽을 말씀 마태복음 26장 36~46절

외울 말씀 이르시되 아버지여 만일 아버지의 뜻이거든 이 잔을 내게서 옮기시옵소서 그러나 내 원대로 마시옵고 아버지의 원대로 되기를 원하나이다 하시니 (누가복음 22장 42절).

원 포인트 예수님의 고난을 기억하고 함께해요.

★ welcome ★

새해가 되면 하는 일은?

새해가 되면 항상 하는 일은 무엇인가요? 어떤 일을 하는지 떠올리고 난 뒤 이야기를 나눠 보세요.

adventure

성경 이야기를 색칠하고 말씀을 따라 써 보세요.

예수님은 때가 되어 예루살렘에 들어가셨어요.
사람들은 예수님을 향해 호산나라고 외쳤어요.

이후 예수님은 겟세마네 동산에
베드로와 세베대의 두 아들을 데리고
기도하러 가셨어요.

예수님은 하나님께 열심히 기도하셨어요.
예수님의 기도는 그분이 지실 십자가를
기억하는 기도였어요.

예수님은 제자들이 고난에 함께하기를
기대하셨지만, 제자들은 잠만 자고 있었어요.

단어 설명

잔(39절) 본문에서 사용된 잔은 예수님이 지실 십자가의 고난을 뜻해요. 예수님은 유월절 만찬에서 이 잔을 “나의 피 곧 언약의 피니라”라고 말씀하신 적이 있어요.

value

부록 152쪽

고난을 기억하는 십자가 걸이

예수님의 십자가 고난과 겟세마네에서 기도하신 것을 떠올리며, 예수님의 십자가 고난을 기억하기로 다짐해요. 이를 위해 '고난을 기억하는 십자가 걸이'를 만들어 보세요.

"나 ______________ 은/는 언제나 예수님의 고난을 기억하며 살아요."

준비물

부록 공과 자료,
가위, 색연필,
얇은 실

활동 방법

1 부록 공과 자료를 뜯어요.
2 십자가 걸이의 '예수님의 십자가를 기억해요'를 따라 쓰고, 예쁘게 꾸며 보세요.
3 부록 윗부분에 구멍을 내고, 두꺼운 실을 넣어 걸이를 만들어요.
4 걸이를 방문이나 집의 잘 보이는 장소에 걸어 두고, 항상 예수님의 십자가 고난을 기억해요.

encourage

학습 요점

1. 고난 주간에 예수님의 십자가를 깊이 생각해요.
2. 예수님의 고난에 함께 참여하는 삶을 살아요.

이번 주 미션

우리 친구들이 예수님의 고난에 함께하기 위해 무엇을 할 수 있는지 적어 보세요. 그리고 예수님의 고난에 언제, 어떻게 함께할 것인지 계획을 세워 보세요.

내가 예수님의 고난에 함께하기 위해 할 수 있는 것은 무엇일까요?			
예수님의 고난에 언제, 어떻게 함께할까요?			
누가		언제	
어디서		고난에 함께하기 위해 할 수 있는 것	

예수님의 고난에 함께하기 위해
위의 계획대로 꼭 실천하겠습니다.

년 월 일

이름 : ________________ (서명)

이번 주 실천 사항

성경 읽기	기도하기	말씀 암송	이번 주 미션

부활 주일

부활을 전해요

읽을 말씀 마태복음 28장 16~20절

외울 말씀 내가 너희에게 분부한 모든 것을 가르쳐 지키게 하라 볼지어다 내가 세상 끝날까지 너희와 항상 함께 있으리라 하시니라(마태복음 28장 20절).

원 포인트 예수님의 부활을 모든 사람에게 전해요.

welcome

무엇이 똑같을까?

그림들을 보며, 무엇이 똑같은지 이야기를 나눠 보세요.

adventure

마태복음 28장 16~20절을 읽고 빈칸에 들어갈 말을 <보기>에서 찾아 넣으세요.

보기 *권세 | 갈릴리 | 함께 | 제자 | 모든

16 열한 제자가 □□□에 가서 예수께서 지시하신 산에 이르러

17 예수를 뵈옵고 경배하나 아직도 의심하는 사람들이 있더라

18 예수께서 나아와 말씀하여 이르시되 하늘과 땅의 모든 □□를 내게 주셨으니

19 그러므로 너희는 가서 □□ *민족을 □□로 삼아 아버지와 아들과 성령의 이름으로 세례를 베풀고

20 내가 너희에게 분부한 모든 것을 가르쳐 지키게 하라 볼지어다 내가 세상 끝날까지 너희와 항상 □□ 있으리라 하시니라

단어 설명

권세(18절) 하나님과 관련해서는 하나님의 놀라운 능력을 뜻해요.

민족(19절) 오랜 세월 일정한 지역에서 함께 생활하며 산 사람들을 뜻해요.

value

부록 153-154쪽

부활하신 예수님을 전하는 초대장

우리는 부활하신 예수님의 말씀을 따라 부활하신 예수님을 전해야 해요. 이를 위해 '부활하신 예수님을 전하는 초대장'을 만들어 보세요.

"나 ______________ 은/는 부활하신 예수님을 모든 사람에게 전할 거예요."

준비물

부록 공과 자료, 색연필, 풀

활동 방법

1 부록 공과 자료를 뜯어요.
2 '편지 봉투' 부록의 풀칠하는 곳에 풀칠하고 붙여 윗부분이 뚫린 편지 봉투를 만들어 보세요.
3 '부활하신 예수님' 부록을 꺼내어 '예수님이 부활하셨어요' 부분을 따라 쓰고 나머지 부분을 예쁘게 꾸며 보세요.
4 '부활하신 예수님' 부록을 '편지 봉투' 부록에 넣어 완성해요.

encourage

학습 요점

1. 예수님이 성경 말씀대로 부활하셨음을 알아요.
2. 부활하신 예수님을 전하며 살아요.

이번 주 미션

한 주간 부활 초대장을 어떻게 전할지 계획을 세워 보세요. 그리고 복음을 잘 전할 수 있게 기도문을 작성해요.

부활하신 예수님을 전할 친구의 이름은?			
언제, 어디서, 어떻게 전해야 할까요?			
언제		어디서	
어떻게			
기도문 작성			

이번 주 실천 사항

성경 읽기	기도하기	말씀 암송	이번 주 미션

memo

memo

____

연약한 나 ______ 에게

복용법	하루 ____회 ____일분 매식 전·간·후 시 ____분 복용 ____년 ____월 ____일 약사 : 하나님

하나님이 나를 통해 일하세요 ♥

풀칠하는 곳

풀칠하는 곳

하나님은
놀라운 방법으로
승리를 주세요
풀칠
풀칠

< 그림 1 >

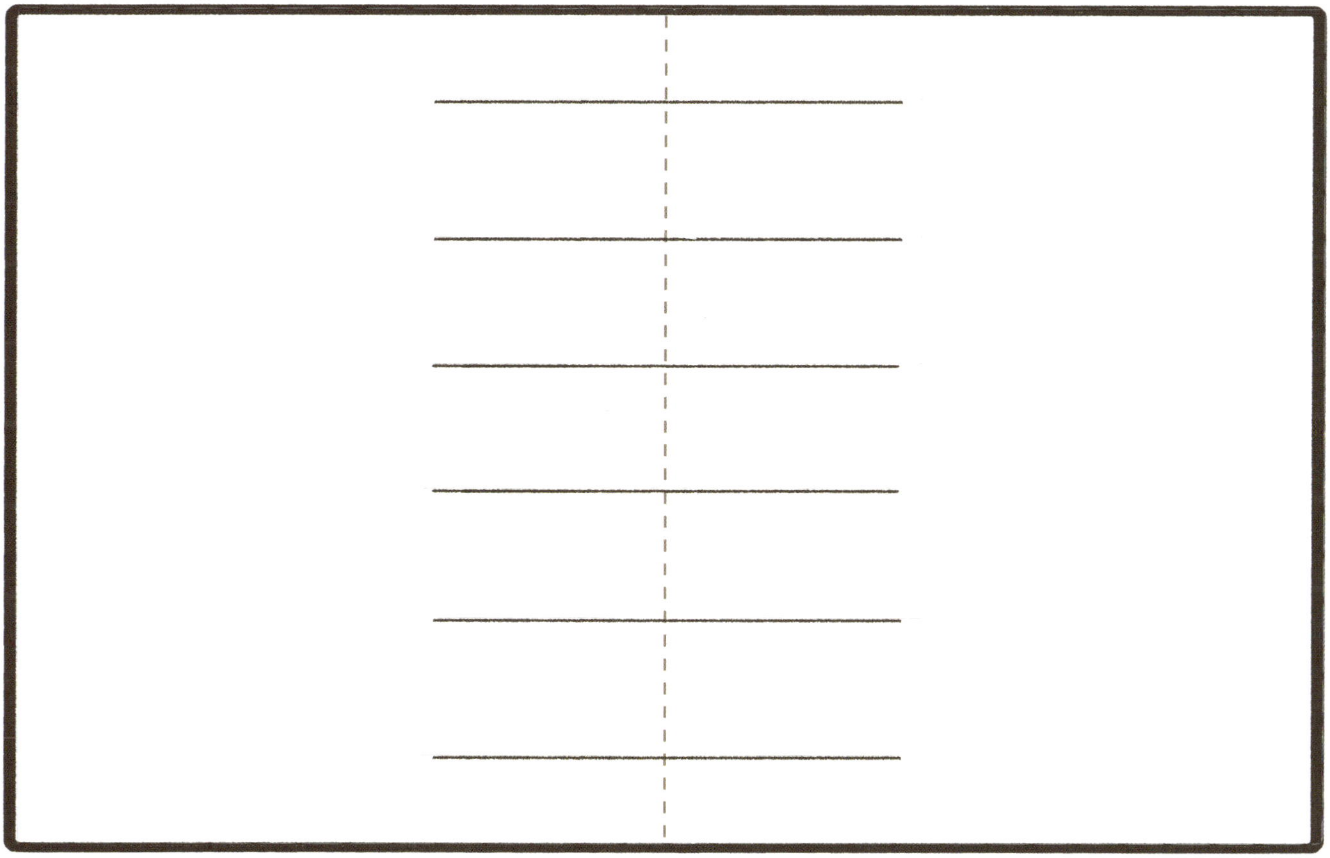

< 그림 2 >

< 그림 3 >

하나님의 사람 ________

풀칠

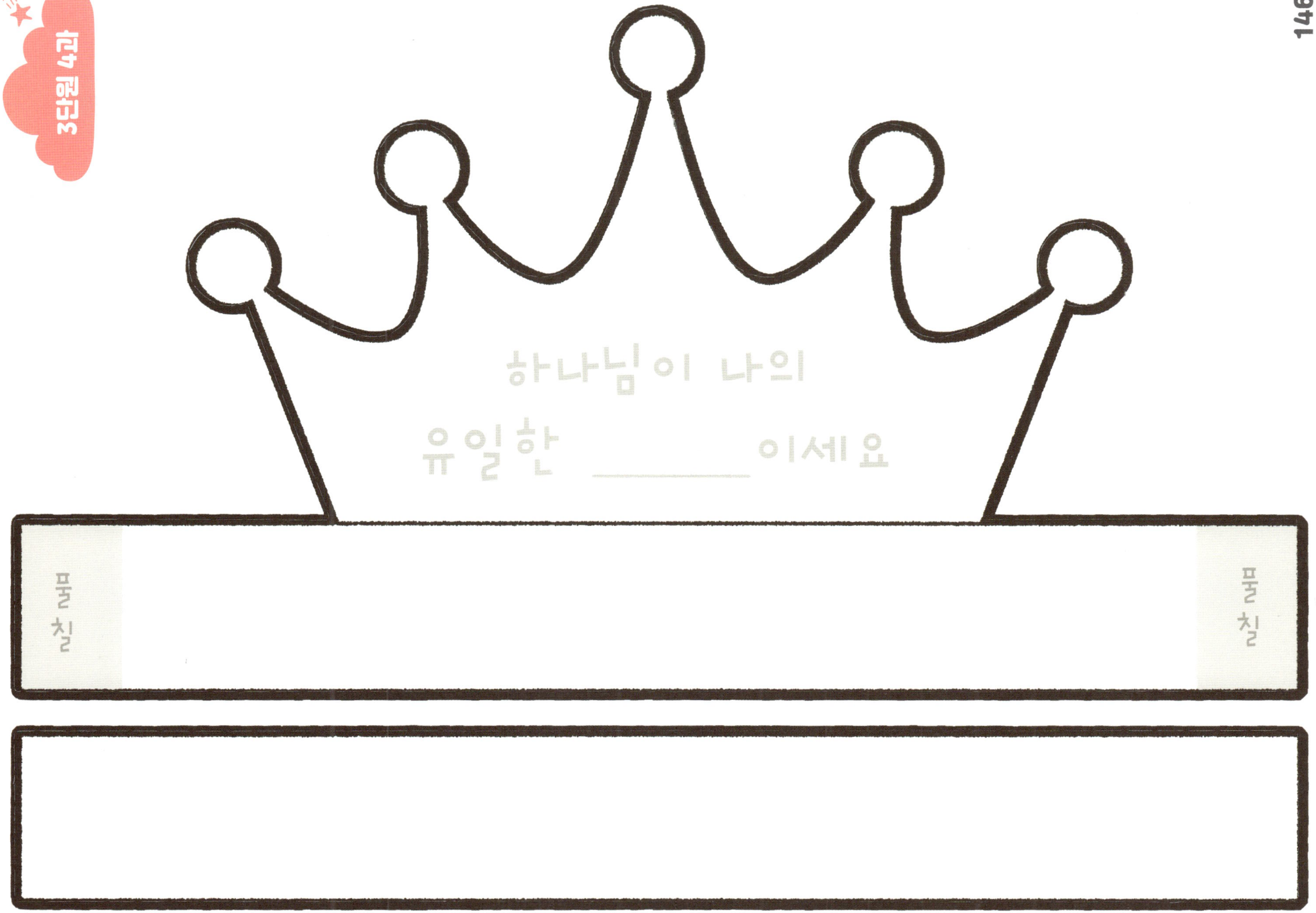
하나님이 나의
유일한 ______ 이세요
풀칠
풀칠

풀칠
풀칠

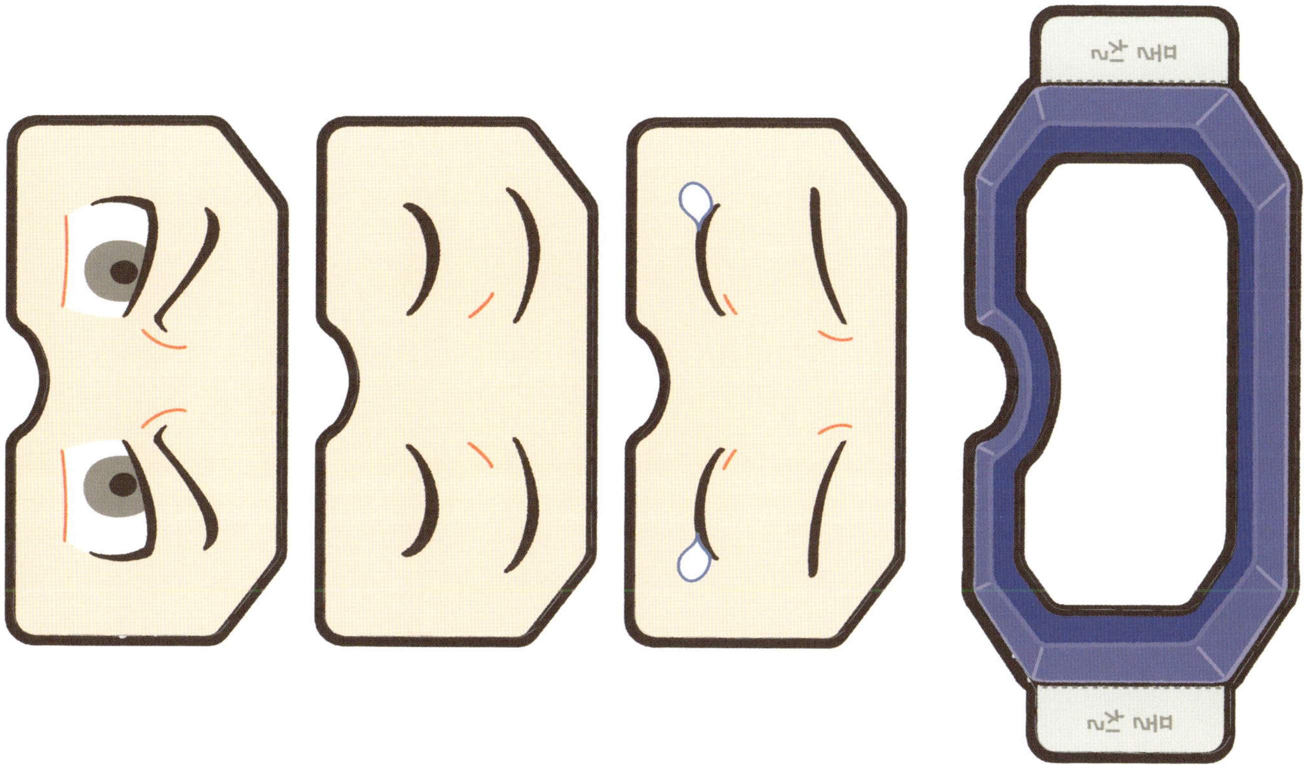
풀칠
풀칠

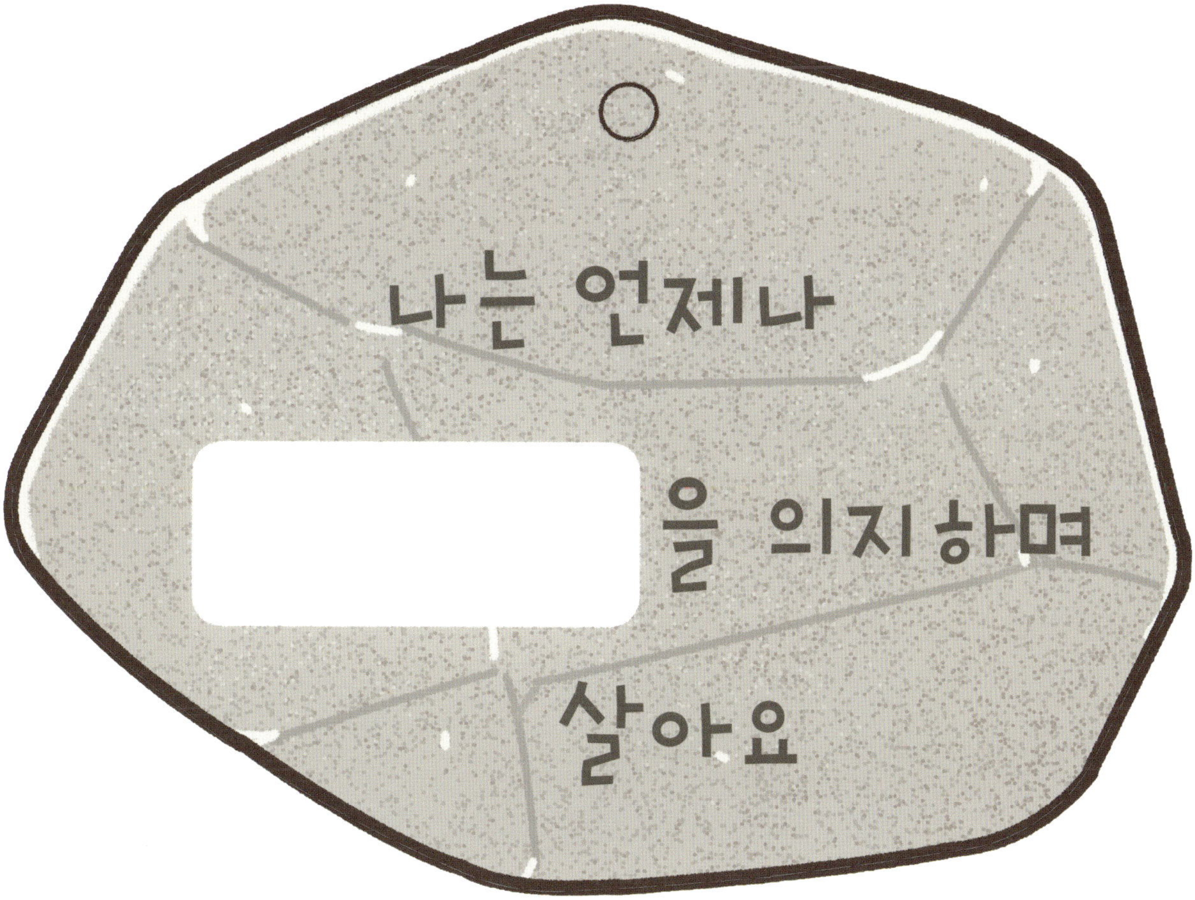
나는 언제나
을 의지하며
살아요

지혜

풀칠

예수님의 십자가를
기억해요

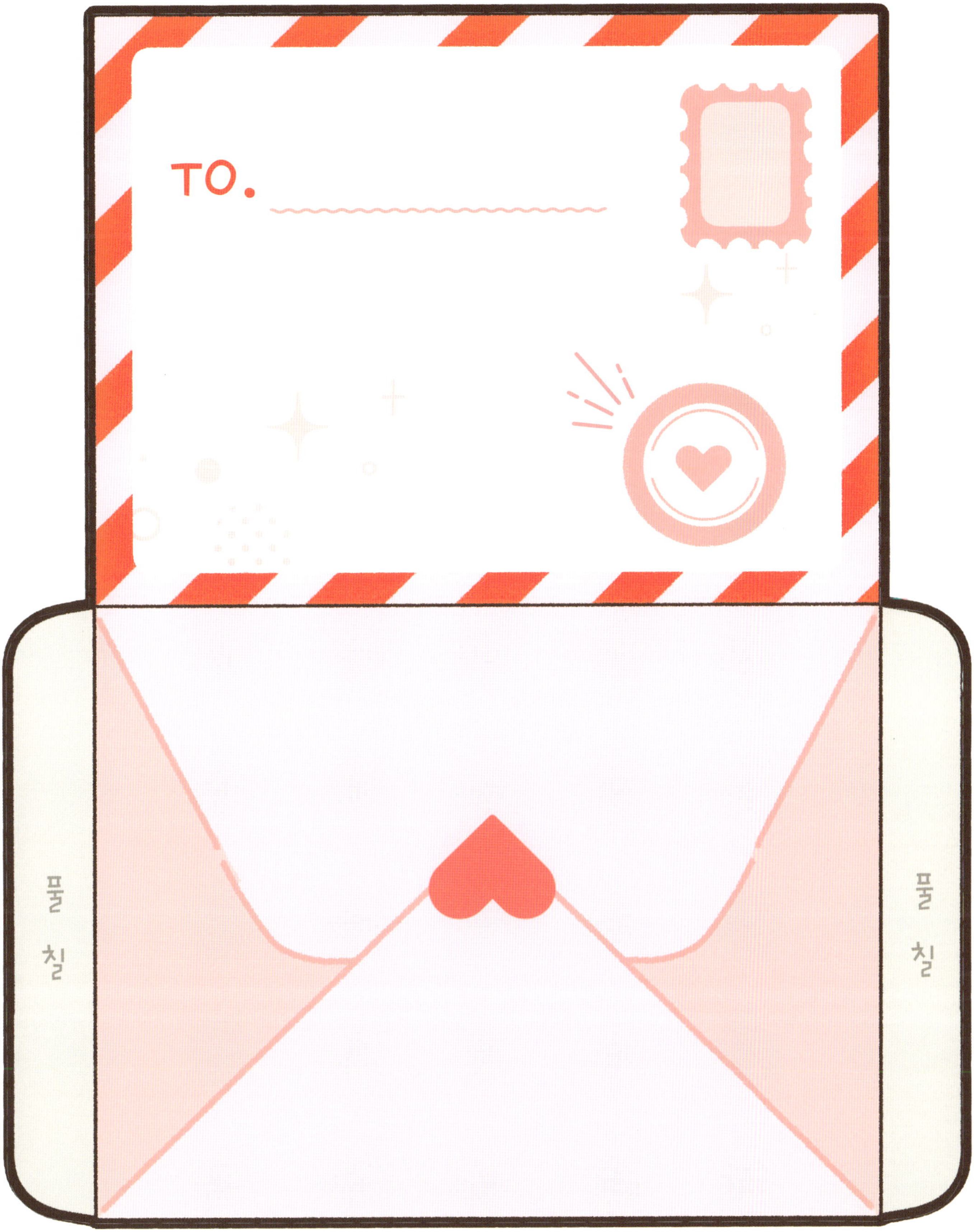

<편지 봉투>

<부활하신 예수님>